GÉOGRAPHIE

DE

L'AFRIQUE

CHRÉTIENNE

Par Monseigneur TOULOTTE

Evêque titulaire de Thagaste, Vicaire Apostolique du Sahara.

BYZACÈNE ET TRIPOLITAINE

MONTREUIL-SUR-MER

IMPRIMERIE NOTRE-DAME DES PRÉS

1894

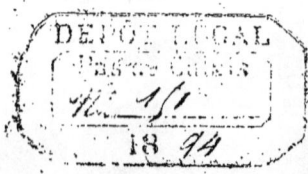

GÉOGRAPHIE

DE

L'AFRIQUE CHRÉTIENNE

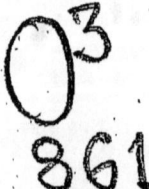

GÉOGRAPHIE

DE

L'AFRIQUE

CHRÉTIENNE

Par Monseigneur TOULOTTE

Evêque titulaire de Thagaste, Vicaire Apostolique du Sahara.

BYZACÈNE ET TRIPOLITAINE

MONTREUIL-SUR-MER

IMPRIMERIE NOTRE-DAME DES PRÉS

1894

A

Sa Grandeur

Monseigneur Spiridion POLOMÉNI

Évêque titulaire de Ruspe

Affectueux hommage

GÉOGRAPHIE

DE

L'AFRIQUE CHRÉTIENNE

BYZACÈNE ET TRIPOLITAINE

Les provinces Byzacène et Tripolitaine faisaient primitivement partie de l'Afrique propre. C'est ce qui a été dit d'une manière générale en tête du volume consacré à la géographie de la Proconsulaire. Il a été montré également en quoi la Byzacène et la Tripolitaine ont dépendu de la Numidie et de l'autorité militaire qui avait son siège à Lambaese. C'est à l'époque de Dioclétien que la Byzacène et la Tripolitaine furent démembrées de l'Afrique propre pour former des provinces séparées qui furent administrées par des Consulaires et par des Præsides.

Les monuments de Leptis Magna, d'Oea ou Tripoli, de

Tacapas, de Gapsa, de Mididi, de Mactaris, etc., mentionnent l'autorité proconsulaire.

Sur l'arc de triomphe de Tripoli, qui a été élevé en 163, le proconsul Cornelius Orfitus est nommé avec son légat Uttedius Marcellus [1] :

IMP CAES . M . AVRELIO . ANTONIO . AVG . P.P. ET . IMP .
CAES . L . AVRELIO . VERO . ARMENIACO . AVG
SER . CORnelius . ORFITVS . PROCOS . CVM ...VTTEDIO .
MARCELLO . LEG . SVO . DEDICAVIT
C . CALPVRNIVS . CELSVS . CVRATOR . MVNERIS . PVB .
MVNERARIVS . II . VIR . QQ . FLAMEN PERPETVVS
ARCVM . PECVNIA . SVA . loco . PVblICo a fVNDAmeNtis Ex
MARMORE . SOLIDO . FECIT

En quelle année du règne de Dioclétien la Byzacène fut-elle soustraite à l'autorité proconsulaire ? Il ne semble pas que ce fut avant l'année 294, si nous nous en rapportons à l'inscription suivante de Mididi [2] :

FELICISSIMO SAECVLO DOMINORVM NOSTRORVM C AVRELI
VALERI dioCLETIANI PII FEL INVICT AVG
et m. Aureli Valeri Maximiani pii fel. invict. Aug. ET M
FL VALERI CONSTANTI ET C GALERI
VALERI MAXIMIANI NOBILISSIMORVM CAESS ET CONSVLVM
QVORVM VIRTVTE AC PROVIDEN
TIA OMNIA IN MELIVS REFORMANTVR PORTICVM
CVM ARCV SVO QVAE FORO AMBIENDO DEERAT
A SOLO COEPTAM ET PERFECTAM I P AVR ARISTOBVLVS
VC PROCOS AFRICAE PER INSTANTIAM MACRINI SOS
SIANI CV LEG CVM EODEM DEDICAVIT CVRANTE
REMP CA .... IANO D D P P

Le proconsul Aristobule est encore mentionné ici avec son légat Macrin. Non seulement le Proconsul adminis-

---

[1] Corpus. VIII. 24.
[2] Ibid. 608.

trait ces régions, mais encore il commandait l'armée, comme on le voit par un monument de Tacapas [1] :

>   IMP CAES Augus
>   TI f AVGustus tri
>   POT   xvi
>   L As PRENas cos
>   PROCOS vii vir
>   EPVLONum viam
>   EX CAS tr. hiber
>   NIS TACapas muni
>   ENDAM curavit
>   LEG . III aug
>   c l x ....

Mais aussi, quand l'armée fut enlevée au Proconsul et confiée à un légat de l'Empereur, l'autorité de ce légat se fit sentir jusqu'aux extrémités méridionales de la Byzacène et de la Tripolitaine, jusqu'à Cidamus, Leptis Magna, Bondjem, etc. Une inscription de Bondjem mérite d'être rapportée ici [2] :

>   IMP . CAES . L . SEPTIMIO SEVERO
>   PIO PERT AVG TR P IX IMP xi COS II PP ET
>   IMP CAES . M AVREL ANTONINO
>   AVG TR P IIII ET SEPT getæ CAES AVG
>   Q ANICIO FAVSTO LEG AVGG COS leg iii aug

La Byzacène devint une province consulaire. L'histoire nous l'apprend et les monuments confirment l'histoire.

Un fragment d'inscription de Sufetula s'adresse, comme on le croit, à un personnage consulaire [3] :

>   CONSVLARI PRov. Valeriæ Byzacenæ

---

[1] Corpus. 10018.
[2] Ibid. 10992.
[3] Ibid. 242.

D'après Rufus Festus, la Byzacène venait au troisième rang parmi les provinces africaines et les documents ecclésiastiques sont d'accord avec lui. Or Festus dit que la Byzacène est une province consulaire. Cependant plusieurs inscriptions romaines, que nous avons à citer à l'article d'Hadrumète et d'autres villes de la Byzacène, donnent à T. Q. Aradius Valerius Proculus le titre de *Præses provinciæ Valeriæ Byzacenæ*, vers l'an 320.

Quant au gouverneur de la Tripolitaine, son titre est gravé sur un monument de Leptis Magna en ces termes [1] :

DIVINA STIRPE PRoGENItO D . N . FORTISSIMO
PRINCIPI VAlEntINiANO VICtORI PIO FELICI A
C tRIUMFATORI SEMPER AVGVSTO FlaVIVS
BENEDICTVS VP PRAESES PROVINCIAe TRIPO
LITANAE NV miNI MAIESTATIQVE EIVS
SEMPER DEVOTVS

Les domaines privés que les Empereurs possédaient dans les régions de Leptiminus et d'Oea étaient administrés par des Procurateurs Impériaux, ainsi qu'on le constate sur des monuments retrouvés à Theveste [2].

Après ce qui a été dit dans l'introduction générale, il est inutile de revenir sur la dénomination de Numidia Militana, autrement Limitanea, que la liste de Vérone semble donner à la province Tripolitaine.

En vérité, à la fin du troisième siècle, toute cette partie méridionale de l'Afrique était placée sous l'autorité du légat de Numidie, de la même manière que nous voyons aujourd'hui toute la partie méridionale de l'Algérie et de la Tunisie placée sous l'autorité militaire.

[1] Corpus. 12. cf. 10489 et 10493.
[2] Ibid. 16542 et 16543.

Les choses changèrent peu de face au temps des Vandales. Victor de Vite nous apprend que Genséric garda pour lui une partie de la Numidie, la Byzacène, l'Abaritaine et la Gétulie [1]. Évidemment la Gétulie n'est autre chose que la Numidie méridionale, la région au-delà de l'Aurès, et il semble que l'Abaritaine doit représenter la Tripolitaine.

Quand Justinien réorganisa les provinces, il fit administrer la Byzacène et la Tripolitaine par des Consulaires [2].

Le nom grec de la Tripolitaine lui est venu de ses trois principales villes : Oea, Leptis Magna et Sabrata. La métropole Oea a perdu son nom pour prendre celui de la province.

D'autre part, les monuments historiques nous donnent pour la première province les noms de *Byzacium, Byzantium, Bizacina*. La forme correcte fournie par les monuments épigraphiques est, *Byzacena*.

Il résulte de tout ceci que, à l'origine, il n'y avait qu'une seule autorité pour toute la province d'Afrique dans laquelle étaient comprises la Byzacène et la Tripolitaine. Cette autorité était celle du Proconsul résidant à Carthage et administrant avec le secours de ses légats. En outre, l'autorité civile du Proconsul n'est pas séparée de l'autorité militaire. Mais bientôt, en Afrique, le pouvoir militaire fut enlevé au Proconsul pour être confié exclusivement à un légat de l'Empereur. Le légat administre, même au point de vue civil, tout un territoire qui encadre toute la province d'Afrique laissée au Proconsul

---

[1] Pers. Vaud. 1. 4.
[2] Cod. 1. 27. 1. 10.

depuis les extrémités de la Numidie jusqu'aux confins de la Cyrénaïque.

Nous nous sommes occupés du Proconsul, du Légat de l'Empereur, des Consulaires, des Præsides et Procurateurs, gouverneurs de provinces. Ces divers personnages représentent un régime antérieur à Dioclétien et postérieur à ce prince. Mais, sous Constantin, on voit apparaître un nouvel ordre de choses.

Au Proconsul qui relève directement de l'Empereur vient s'ajouter un Préfet du Prétoire dont l'autorité civile s'étend sur plusieurs diocèses. L'Afrique avait son Proconsul et elle formait un diocèse placé sous l'autorité d'un Préfet du Prétoire. Le diocèse d'Afrique est régi par un vicaire du Préfet du Prétoire et il comprend les diverses provinces que nous avons énumérées plus haut.

« Quant au pouvoir militaire, dit M. Pallu de Lessert, il est confié à des *magistri militum,* l'un commandant l'infanterie (*magister peditum*), l'autre préposé à la cavalerie (*magister equitum*), qui sont représentés dans les provinces, suivant l'importance de celles-ci, tantôt par des comtes, tantôt par des ducs.

« En Afrique, nous relevons, dans la notice des Dignités de l'Empire, le comte d'Afrique et le comte de la Tingitane, ainsi que deux ducs : celui de la Maurétanie césarienne et celui de la Tripolitaine. »

Lactance nous apprend que ce fut Dioclétien qui institua les *rationales,* les *magistri* et les *vicarii Præfectorum*[1]. Et en effet, la liste de Vérone, qui peut remonter à l'an 292, nomme le diocèse d'Afrique avec les autres. Selon Aurelius Victor[2], le tyran Alexandre était en Afrique

---

[1] De mort. pers. 7.
[2] 40.

vicaire du Préfet. Nous voyons le vicaire porter le titre de vicaire du ou des Préfets, vice-préfet, ou simplement vicaire, comte de premier ordre. Il fut d'abord *vir perfectissimus,* puis *clarissimus* et enfin *spectabilis.*

Le vicaire pouvait résider à Carthage, mais il ne devait pas empiéter sur le domaine du Proconsul.

La plupart des constitutions lui sont adressées à Carthage, d'autres à Thamugade, à Constantine, à Hadrumète, à Tacapas.

Le vicaire était nommé directement par l'Empereur et il ne relevait que du ou des Préfets. D'abord il eut en main les deux pouvoirs, civil et militaire.

Vers l'an 320, les comtes furent chargés des troupes. Le vicaire d'Afrique avait sous ses ordres les Consulaires de la Numidie et de la Byzacène et les Præsides de la Tripolitaine et des Maurétanies sitifienne et césarienne. Dans la Proconsulaire, il n'a à opérer que la perception de divers impôts et ce sont ses agents qui en ont la charge. Il peut siéger à Théveste, bien que, depuis les divisions opérées par Dioclétien, cette ville de la Proconsulaire soit avec celle-ci du ressort direct de l'Empereur dont le Proconsul relève immédiatement. Il semble, d'autre part, qu'on pouvait du diocèse et du vicaire en appeler au Proconsul qui tenait alors la place de l'Empereur. C'est le Proconsul encore qui transmettait les ordres aux gouverneurs des provinces. Mais aussi ces derniers sont dépendants du vicaire qui doit protéger ceux qui sont opprimés par les gouverneurs, retenir les déserteurs après leur arrestation, tenir en bon état les palais impériaux, veiller à l'entretien des voies publiques.

Certains cas de justice dépendaient directement et en première instance du vicaire. Il peut, en appel, connaître de toutes les décisions des gouverneurs. Son pouvoir, il le tient, non du Préfet du Prétoire, mais du Prince lui-même. On peut, il est vrai, en appeler au Préfet de la décision des gouverneurs, mais, après la décision du Vicaire, l'affaire va directement à l'Empereur, sans passer devant le Préfet.

Le Préfet de l'annone d'Afrique et le Préfet des biens patrimoniaux dépendaient non du vicaire mais du Préfet du Prétoire. Néanmoins le vicaire était le collecteur supérieur de l'impôt africain et le dépositaire vis-à-vis l'administration de l'annone, et c'était lui qui délivrait au comte d'Afrique l'annone militaire.

Le vicaire jouissait aussi de quelques attributions et privilèges relativement aux postes impériales. Sur ce point, nous ne connaissons qu'imparfaitement les droits de ce personnage, ceux du Proconsul, du Préfet du Prétoire et autres fonctionnaires, et les réserves que faisaient les Empereurs. En 314, c'est une autorisation impériale qui est accordée aux Évêques d'Afrique se rendant par Tanger et l'Espagne au Concile d'Arles.

Après la conquête Vandale, il n'est plus question du vicaire d'Afrique. C'est le Préfet du Prétoire qui a l'administration du pays au temps de Justinien et de ses successeurs.

De même que l'institution d'un légat impérial pour commander les troupes d'Afrique est postérieure à celle du Proconsul, de même la création des comtes d'Afrique et autres chefs militaires est postérieure à celle des vicaires. La date de cette institution doit être placée entre 315 et 320. C'est alors que nous voyons le gouverneur civil de la Numidie prendre le titre de Consulaire et s'éloigner de Lambaese pour s'installer à Constantine.

D'abord le comte d'Afrique ne fut qu'un duc comme les autres chefs militaires et il n'avait que le titre de *vir perfectissimus*. Le terme comte était purement honorifique. Mais bientôt il se distingua par ce titre des ducs de la Tripolitaine et de la Maurétanie. Ceux-ci, du reste, sont aussi appelés comtes lorsqu'il s'agit de règlements adressés en général aux grands chefs militaires. Il fut appelé clarissime et comte de premier ordre et plus tard il eut le titre de *vir spectabilis* qui le plaça parmi les personnages illustres. Nous voyons Gildon prendre le titre de comte et de maître des deux milices africaines.

Dans les choses civiles, le vicaire avait le pas sur le comte d'Afrique et de même dans les affaires mixtes, mais dans les choses militaires le comte passait avant le vicaire d'Afrique.

Le comte d'Afrique avait sans doute sa résidence à Carthage ; il relevait du maître de l'infanterie. On peut dire qu'il y avait pour le vicaire un diocèse civil, comprenant la Proconsulaire, les deux Numidies et la Byzacène, et un diocèse militaire pour le comte, lequel comprenait la Tripolitaine et les Maurétanies. Au reste, les discordances qu'on a remarquées dans les ressorts de l'un et de l'autre peuvent servir à expliquer diverses particularités qui sont signalées entre les provinces ecclésiastiques.

En réalité, le comte d'Afrique est placé au centre du diocèse militaire ; il commande directement les troupes placées dans la Proconsulaire, la Byzacène et la Numidie. Son autorité s'étend jusque sur les troupes cantonnées en Tripolitaine et en Maurétanie, lesquelles pourtant ont un officier supérieur à leur tête, un duc, souvent lui-même appelé comte militaire.

Plusieurs fois nous avons eu à parler des villes frontières placées sous le commandement du comte et des deux ducs et qui étaient en même temps des villes épiscopales.

Le comte d'Afrique et tous les commandants militaires exerçaient dans leur ressort respectif une certaine juridiction, assez semblable à celle que nos officiers exercent aujourd'hui dans les territoires de leur commandement.

On n'aura pas de peine à le comprendre, les comtes d'Afrique ont eu une existence plus prolongée que les vicaires. Les attaques continuelles des tribus restées barbares rendaient leur rôle absolument indispensable. C'est un comte, Boniface, qui appela les Vandales en Afrique.

Ce sont les documents ecclésiastiques qui nous font connaître souvent les vicaires et comtes d'Afrique. Les actes de saint Mammaire de l'an 304, en Mabillon ; les lettres de Constantin à Cécilien de Carthage, à la fin des œuvres de saint Optat ; les actes justificatifs de Félix d'Abthugni ; les actes relatifs au Concile d'Arles de l'an 314, à celui de Rome de l'an 315 ; les actes de Milan relatifs aux Donatistes, comme on peut le voir à la suite des œuvres de saint Optat et en saint Augustin, mettent en scène plusieurs vicaires d'Afrique. Les luttes entre Donatistes et catholiques nous font également connaître les vicaires, les comtes et les ducs qui ont charge, à titres divers, de maintenir la paix et la concorde parmi les populations africaines.

Quant aux ducs, nous savons, par Jean Malala, que, sous Dioclétien, c'était un personnage qui commandait les troupes et les garnisons de frontières dans chaque gouvernement.

Tant en Maurétanie qu'en Tripolitaine, les ducs militaires ont été plus d'une fois en même temps les Præsides civils de leurs provinces.

Tous ces détails étaient à donner, d'une manière générale, dans cette introduction. Mais les données plus précises concernant chacun des vicaires et des comtes appartiennent à la partie historique de l'Église africaine.

Nous allons offrir le tableau général des Églises de la Byzacène et de la Tripolitaine.

ÉGLISES DE LA BYZACÈNE.

Hadrumète.
Abaradira.
Achulla.
Aeliæ.
Africa.
Afufenia
Aggar.
Aggar-sel-Nepte.
Agger.
Ammædara.
Amudarsa.
Ancusa.
Aquæ.
Aquæ Albæ.
Aquæ Regiæ.
Aras.
Auru Suliana.

Autenta.
Auzagera.
Avidus.
Bahanna.
Bararus.
Bassiana.
Bavagaliana.
Bennefa.
Bladia.
Buleliana.
Cabarsussi.
Caniana.
Capsa.
Carcabia.
Cariana.
Cenculia.
Cena.
Cibaliana.
Cillium.
Circina.
Crepedula.
Cufruta.
Cululi cf. Achulla.
Decoriana.
Dices.
Dionysiana.
Drua.
Dura.
Edistiana.
Egnatia.
Febiana.
Feradi la Grande.

Feradi la Petite.
Filaca.
Fissana.
Foratiana.
Frontoniana.
Gaguar.
Garriana.
Germaniciana.
Gratiana.
Gummi.
Gurza.
Hermiana.
Hierpiniana.
Hirena.
Honoricopolis.
Horrea Cælia.
Jubaltiana.
Junca.
Leptis la Petite.
Limisa.
Macriana la Grande.
Macriana la Petite.
Mactaris.
Madasumma.
Maraguia.
Marazana la Royale.
Marazana.
Mascliana.
Materiana.
Maximiana.
Mediana.
Menefessi.

Merferebi.
Mibiarca.
Midica.
Mididi.
Mimiana.
Mozotcori.
Munatiana.
Mutia.
Muzuca.
Nara.
Nationa.
Nepta.
Octava.
Octavia.
Palma.
Pederodiana.
Præcausa.
Præsidium.
Putia.
Quæstoriana.
Rufiniana.
Ruspe.
Ruspina.
Sassura.
Scebatiana.
Segermes.
Septimunicia.
Severiana.
Sufes.
Sufetula.
Suliana.
Sullectum.

Tabaltana.
Tagarbala.
Tagaria.
Talaptula.
Tamalluma.
Tamaza.
Tambei.
Taparura.
Taraqua.
Taraza.
Tasbalta.
Temuniana.
Tetci.
Thænæ.
Thagamuta.
Thala.
Thapsus.
Thelepte.
Theuzi.
Thiges.
Thugga.
Thysdrus.
Tigia.
Tiguala.
Trofimiana.
Tubulbaca.
Tugutiana.
Turres.
Turris Blanda.
Turris Tamalluma.
Turuda.
Turuzi.

Tusurus.
Unuzibira.
Uppenna.
Usula.
Uzita.
Valentiniana.
Vartana.
Vassinassa.
Vegesela.
Vibiana.
Vicus Aterii.
Vicus Augusti.
Victoriana.
Vita.
Zella.

ÉVÊCHÉS DE LA TRIPOLITAINE.

Gigthi.
Girba I.
Girba II.
Leptis la Grande.
Luci Magna.
Oea.
Sabrata.
Sinnipsa.
Tacapas.
Villa Magna.

BYZACÈNE

I. — HADRVMETE.

Hadrumète, autrement Adrumète, était la ville principale et la métropole de la Byzacène. Elle a conservé jusqu'aujourd'hui son importance, bien qu'elle ait perdu son ancien nom pour prendre celui de Sousse. Dans une ancienne inscription, ses habitants sont appelés *colons de la colonie Concordia Ulpia Trajana Frugifera Hadrumetina* [1].

POPVLONII
DD. NN. CRISPO ET CONSTANTINO. IVN. NOBB
CAESS. ITERVM III. IDVS MART. CONSS.
COLONI COLONIAE CONCORDIAE VLPIAE TRAIANAE
AVGVSTAE FRVGIFERAE HADRVMETINAE
Q. ARADIVM VALERIVM PROCVLVM VC. PRAESIDEM
PROVINC. VAL. BYZACENAE LIBEROS POSTEROSQVE EIVS
SIBI LIBERIS POSTERISQVE SVIS PATRONVM COOPTA
VERVNT T. Q. ARADIVS VALERIVS PROCVLVS VC PRAESES
PROVINC. VAL. BYZACENAE COLONOS COLONIAE CON
CORDIAE VLPIAE TRAIANAE AVGVSTAE FRVGIFERAE
HADRVMETINAE LIBEROS POSTEROSQVE EORVM IN FI
DEM CLIENTELAMQVE SVAM LIBERORVM
POSTERORVMQVE SVORVM RECEPIT

Hadrumète devait son titre de colonie à l'empereur Trajan et celui de Frugifera à la merveilleuse fécondité de son territoire. Elle était située sur le bord de la mer et avait un port célèbre appelé le Cothon. Son territoire s'étendait jusqu'à celui de Thysdrus, comme semble l'indi-

---

[1] Tissot. Fastes. an. 319. 320.

quer Aggenus Urbicus en mentionnant l'ancienne contestation qui existait entre les habitants d'Hadrumète et ceux de Thysdrus, au sujet d'un temple de Minerve, *pour lequel*, dit-il, *ils sont en procès depuis de longues années* [1]. Ils voulaient faire décider à qui appartenait le territoire sur lequel ce temple était construit. Il faut, du reste, entendre ce territoire dans un sens large, zone d'influence par exemple, car il y avait plusieurs cités entre Thysdrus et Hadrumète.

Outre le Cothon, ou port militaire, Hadrumète avait encore un autre port marchand. Les bassins étaient artificiels, comme ceux de Carthage ; ils sont indiqués par les restes de deux môles antiques. La ville avait acquis son importance maritime à partir de la chute d'Utique et elle était devenue la seconde cité de toute l'Afrique, à l'époque romaine.

Munie, comme Carthage, d'une acropole et d'une triple enceinte, Hadrumète s'était augmentée d'un faubourg important. Elle offre des traces d'un théâtre et d'un cirque. On y a retrouvé des hypogées creusés dans un banc de calcaire, des catacombes comme celles de Rome, des mosaïques de toute beauté. Sur la tuile d'un tombeau de la catacombe, on lit ces simples mots :

DATIBA IN PACE

Les monuments chrétiens ne manquent pas à Hadrumète. Mais ce qui rend cette ville très illustre, ce sont les fastes des martyrs, car elle fut la patrie de Boniface et de Thècle, père et mère de douze martyrs, de Mavilus, dont

---

[1] Aggen. p. 74.

parle Tertullien, de Rutilius, de Verulus et de vingt-deux autres martyrs, dont l'Église romaine célèbre chaque année la mémoire. De là était aussi le martyr Victorien que Victor de Vite appelle Proconsul de Carthage, titre purement honorifique à cette époque de l'occupation Vandale. Il était le plus riche des Africains et s'était acquis une grande réputation d'intégrité dans les affaires publiques ; il souffrit sous le règne de Hunéric [1].

Un concile fut célébré à Hadrumète, comme l'indique son Évêque Abondance dans le concile de Carthage, réuni par Gratus, en 348. *Dans notre concile,* dit-il, *il a été décidé qu'il n'est pas permis aux clercs de prêter à usure* [2].

Il y avait dans cette ville, au temps de saint Augustin, un monastère dont l'abbé Valentin est célèbre par les lettres du saint Docteur [3] et aussi par celles que lui-même adressa à saint Augustin pour lui exposer sa foi touchant le libre arbitre et la justice de Dieu rémunérateur. Il s'était élevé sur cette question, une vive discussion parmi ses moines. A cette époque, vivaient dans ce monastère Cresconius, Florus, deux Félix et d'autres dont nous ignorons les noms.

Le château, nommé Kasr er Ribat, qu'on voit encore à l'intérieur de la ville, passe pour avoir été un monastère, de même que le Ribat de Monastir, l'ancienne Ruspina. Il est probable que, durant la période Vandale, Hadrumète a changé son nom en celui de Hunéricopolis, autrement Honoricopolis, qu'elle perdit après la conquête de Béli-

---

[1] Pers. Vaud. 5. 4.
[2] Hard. 1. p. 688.
[3] Ep. 214. 215. 216.

saire pour adopter le nom de Justinianopolis, en l'honneur de Justinien qui releva ses remparts [1].

On a cru aussi que le faubourg d'Hadrumète porta le nom de Cabarsussi, dont nous avons parlé plus haut, et que c'est de là que la ville moderne a tiré son nom de Sousse ; mais il est plus vraisemblable que Sousa est un nom grec qui signifie *Sauveur*.

POLYCARPE. Il donna son vote le troisième dans le troisième Concile que saint Cyprien réunit à Carthage, en 255, sur la question du Baptême [2]. A cette époque, Hadrumète et toute la région de la Byzacène formaient encore partie de la province Proconsulaire. Il est souvent fait mention de Polycarpe dans les écrits de saint Cyprien [3]. D'après une de ses lettres, la quarante-cinquième, saint Cyprien aurait visité la colonie d'Hadrumète.

INNOCENT. Il appartient à l'époque de Dioclétien et au Proconsulat d'Anullinus. Il est rapporté, en effet, qu'il fut dénoncé à ce dernier pour avoir persévéré dans la pratique du culte chrétien, au temps même où Crispine, martyre, était en prison à Théveste. Mais s'étant enfui, il vint à Hadrumète, y fut ordonné diacre, puis enfin en fut fait Évêque, comme l'indiquent ses actes [4] qu'Henschen cependant qualifie justement d'apocryphes, bien qu'il ait cru y retrouver quelques traces d'une histoire vraie. Henschen nous apprend aussi, d'après Ughelli et Ferrari, que cet Innocent est honoré dans le Latium, à Gaëte, où il avait

[1] Procop. de ædif. 6. 6.
[2] Hard. 1. p. 162.
[3] Ep. 45. 54. 68.
[4] Boll. Tom. 1. mai. p. 138.

reçu longtemps l'hospitalité, c'est-à-dire à l'époque où ayant fui l'Afrique il s'était retiré en Italie.

ABONDANCE. Gratus le mentionne, parmi les Évêques principaux, dans la préface du Concile qu'il convoqua à Carthage, en 349. Son nom s'y trouve de nouveau répété au numéro XIII, lorsque, comme je l'ai dit plus haut, il rappelle le concile d'Hadrumète [1].

FLORENCE. Il était de la secte des Maximianistes et assista, en 393, au Concile de Cabarsussi, où fut condamné Primien, que les Donatistes avaient donné pour successeur à Parménien. Saint Augustin parle longuement de ce concile dans son deuxième sermon sur le psaume XXXVI. On lit le nom de Florence dans la préface de la lettre synodale et dans les signatures. Nous ignorons s'il y avait alors un Évêque catholique d'Hadrumète.

PHILOLOGVS. Nous lisons son nom parmi ceux des signataires du Concile de Carthage de 397, le troisième qui fut tenu par Aurèle. Sa souscription est ainsi conçue [2] : *Philologus, Évêque du peuple d'Adrumète*. Il parut encore, en 411, à la Conférence de Carthage où il est appelé *Filolocius, Évêque du peuple d'Adrumète* [3]. Son compétiteur, le donatiste Victorin, comparut aussi et dit : *Je le connais*, c'est-à-dire que tous deux étaient regardés comme Évêques, l'un des catholiques, l'autre des Donatistes. Appelé lui-même à son tour, il dit [4] : *J'ai donné mandat et j'ai souscrit.*

---

[1] Hard. 1. p. 685.
[2] Ibid. p. 974.
[3] Cogn. 1. n. 126.
[4] Ibid. n. 206.

AVRÈLE. Il assista, en 451, au concile de Chalcédoine et signa les actes de plusieurs sessions. Il s'était rendu auparavant à Constantinople et avait siégé avec le patriarche Flavien et les autres Évêques dans le Concile où l'on avait traité de la peine à infliger à Eutychès. Il y est appelé *le Révérendissime Évêque de la cité d'Adramyte*[1]. Il est probable, du reste, qu'il s'agit ici d'Adrumète d'Asie, d'autant plus que les Vandales ariens n'autorisèrent guère les Évêques catholiques de leurs États à se rendre en Orient.

FELIX. Il fut exilé par le roi Genséric, vers 453, *pour avoir*, dit Victor de Vite[2], *accueilli un moine d'Outremer, nommé Jean*. Cet historien en désigne clairement l'époque lorsqu'il dit : *Après cela, il arriva que, sur les supplications de l'empereur Valentinien, on ordonna, à la suite d'un long et désolant veuvage, un Évêque pour l'Église de Carthage*. Or cet Évêque fut Deogratias, que l'on sait avoir été sacré en 454. Il est douteux si Félix vécut au-delà de l'année si funeste à toute l'Église d'Afrique, je veux dire celle dans laquelle Hunéric en exila tous les Évêques. La notice de 482, cependant, ne cite pas l'Évêque d'Hadrumète parmi ceux de la Byzacène, quoiqu'elle mentionne les Églises dont le siège était vacant. C'est pour cette raison que nous attribuerions volontiers à Hadrumète les deux Évêques qui portent le titre d'Unuricopolis et qui appartiennent aux années 484 et 525. Hunéric aurait donné son nom à Hadrumète, comme Justinien lui donna plus tard le sien. Il ne paraît donc pas que Félix ait vécu jusqu'à l'époque de la convocation faite

[1] Hard. 2. p. 174.
[2] Pers. Vaud. 1. 7.

par le roi Hunéric. Il est plus probable qu'il mourut en exil, car il est honoré comme martyr le vingt-huit novembre.

PRIMASE. Il se trouva, en 551, à Constantinople, avec le pape Vigile, lorsque celui-ci déposa de la dignité épiscopale et sépara de la communion catholique Théodore, Évêque de Césarée en Cappadoce. Lui-même signa ainsi la constitution du pape Vigile[1] : *Moi, Primase, par la grâce de Dieu Évêque de la cité d'Hadrumète, appelée aussi Justinianopolis, du concile de la Byzacène, j'ai approuvé et signé la constitution du bienheureux pape Vigile dans la cause des trois chapitres.* Primase est célèbre par sa science et par ses écrits que nous avons encore.

C'est probablement aussi à Hadrumète qu'il faut attribuer l'Évêque Boniface de Justini et Maximia qui signa en 646 la lettre du concile de la Byzacène.

D'après la notice de Léon le Sage, Hadrumète avait encore un Évêque en 883.

Le 7 juillet 1889 a été sacré, comme Évêque titulaire d'Hadrumète et auxiliaire du Cardinal archevêque de Carthage, Salvator Alexandre Félix Carmel Brincat.

[1] Hard. 3. p. 9 et 46.

II. — ABARA DIRA.

La notice des provinces et des villes d'Afrique, publiée d'abord par Sirmond [1], éditée et commentée, ensuite, avec un grand soin, par Dom Ruinart [2], est seule à nous apprendre que la ville d'Abaradira se trouvait dans la province Byzacène. On ne sait rien de certain sur son emplacement. Le nom paraît être composé et le terme Abara, s'il est punique ou lybien, peut signifier *passage*. Quant au terme *Dir*, nous le rencontrons, non seulement dans la Byzacène, mais aussi dans les autres provinces africaines, où il est appliqué à des massifs montagneux.

Parmi les Évêques d'Abaradira, nous ne pouvons en citer qu'un seul, qui appartient à l'année 482, celle où fut dressée la liste des Évêques que le roi Hunéric convoqua à Carthage en 484 pour y entrer en conférence avec les Évêques ariens et rendre compte de la foi catholique. L'un de ces Évêques catholiques, de la ville d'Abaradira, était

PRÉFECTIEN. On indique, après le nom d'un grand nombre des Évêques mentionnés par la notice, le genre de peine qu'ils eurent à subir, par exemple, l'exil, les mines, la Corse. C'est une annotation faite, par Victor de Vite peut-être, et probablement vers l'an 490, pendant que le pieux historien de la persécution Vandale et ses collègues subissaient encore les rigueurs d'un exil prolongé.

Dans le manuscrit de Laon, après le nom de Préfectien

[1] Op. var. tom. 1.
[2] Post Vict. Vit.

et d'un assez grand nombre d'autres Évêques, on lit la note *prbt*, qui est une abréviation de l'expression *probatus*, c'est-à-dire que celui au nom duquel la note est jointe, est mort (en exil) et pour la foi catholique. La mention faite, à la fin de la notice, du nombre de ceux qui périrent, prouve, en effet, que cette interprétation est la véritable. « *Il en mourut,* est-il dit, *quatre-vingt-huit.* » C'est précisément le nombre de ceux qui se trouvent, dans la notice, l'objet de la note en question, ce qui doit mettre entièrement fin à toute discussion sur ce point. Il faut donc compter Préfectien parmi les Évêques qui, après ce terrible désastre, ne revirent pas leur évêché, et obtinrent, en retour, la patrie céleste qu'ils avaient conquise par leur confession glorieuse. On ne peut, en effet, admettre l'interprétation de ceux qui lisent *presbyter*, puisqu'il n'y eut pas de prêtre à la réunion de Carthage, ni la lecture de Sirmond qui a corrigé sans raison *prbt* en *per* et qui a lu *periit*, bien que cette interprétation revienne à la nôtre. On ne peut davantage admettre la conjecture de Tillemont[1], d'après lequel cette note aurait désigné ceux qui, par crainte du supplice, auraient passé à l'arianisme. Nulle part, en effet, Victor de Vite, qui décrit avec soin cette longue suite de maux, ne cite un seul de ces Évêques qui se soit rendu coupable d'un tel crime. Il rapporte, au contraire, que plusieurs d'entre eux, âgés ou infirmes, furent écrasés par les chevaux d'Hunéric. Il est plus naturel de croire que cette même note a été ajoutée aux noms de ces derniers, tout aussi bien qu'aux noms de ceux qui moururent de faim ou succombèrent sous les mauvais traitements de l'exil.

---

[1] Mem. eccles. t. XVI. p. 567.

L'expression *probatus* nous est fournie avec sa vraie signification par un monument funéraire d'un Évêque qui mourut précisément en 495 après dix-huit ans d'épiscopat et qui fut, par conséquent, victime de la même persécution. Le nom de l'Évêque manque sur l'épitaphe, trouvée en Maurétanie, à Tanaramusa, près de Mouzaïa-les-Mines. On y lit ce qui suit [1] :

```
          muLTIS EXILIIS
         PROBATVS ET FIDEI
         CATHOLICAE ADSER
        TOR DIGNVS INVENTVS
        IMPLEVIT IN EPISCOPATV
     AN XVIII. M. II. D. XII ET OCCI
       SVS EST IN BELLO MAVRO
      RVM ET SEPVLTVS EST DIE
        VI. ID. MAIAS P CCCC LVI
```

Probatus peut donc avoir le sens de *canonisé* et désigner ici un saint Évêque martyr.

III. — ACHVLLA.

Parmi les villes libres de l'Afrique, Pline compte celle d'Acola [2], qui fut, plus tard, comprise parmi celles de la province Byzacène. Ptolémée la nomme Achola ; Melo l'appelle Acholla ; Hirtius écrit Achilla [3]. Son nom a été écrit

---

[1] Corpus. VIII. n. 9286.
[2] Hist. nat. Lib. v. c. 4.
[3] Bell. afr. 33. cf. Stadianne, Strabon, Appien, Étienne de Byzance, Tite Live. hist. 33. c. 48.

de diverses manières. Pour les grecs, c'est Achylla, Acholla ou Achola. Des anciens auteurs latins écrivent Acilla ; le texte d'une ancienne loi porte Aquilla [1] ; la table de Peutinger donne Aholla. Des monnaies antiques fournissent, croyons-nous, le vrai nom qui est Achulla [2]. La ville était située entre Thapsus et Ruspæ. C'est aujourd'hui El Alia, à six ou sept milles de Sullectum, à douze milles de Ruspæ. La synonymie de Achulla et de El Alia s'explique par une inscription bilingue qui y a été trouvée [3]. On y lit le nom correct de la ville, Achulla. Les ruines confuses d'El Alia couvrent un espace très étendu, entre un monticule, qui portait le castrum, et le rivage où l'on remarque encore quelques débris d'un quai. Étienne de Byzance dit que Achullo était une colonie de Malte et une tradition locale veut que les habitants d'Achulla se soient réfugiés à Malte lors de l'invasion arabe.

RESTITVT. Il figura le cinquante-neuvième sur la liste des Évêques de la Byzacène que Hunéric appela, en 484, à l'assemblée de Carthage, avec les autres Évêques, et qu'il condamna ensuite à l'exil.

QVINTVS. Il signa la lettre que Étienne, Primat de la Byzacène, et les autres Évêques, réunis en concile, adressèrent, en 641, à l'empereur Constantin, fils d'Héraclius, contre les Monothélites, et dont nous lisons le texte dans les actes du Concile de Latran [4].

[1] Gruter. p. 512. n. 28.
[2] Muller. T. III. p. 76.
[3] Gesen. mom. p. 319.
[4] Hard. Conc. Tom. 3. p. 738.

IV. — AELIAE.

D'après la table de Peutinger, la ville d'Aeliæ se trouvait entre Thysdrus et Terentum, à dix milles de cette dernière ville. L'Itinéraire d'Antonin la place à dix-huit milles de Thysdrus et à seize milles de Germaniciana. De son côté, l'anonyme de Ravenne la nomme entre Gurza et Terentum. L'ensemble de ces données conduit à reconnaître Aeliæ dans les ruines d'El Meraba, au nord d'El Djemni, qui est l'antique Thysdrus. La notice et les actes du Concile de 641 placent également Aeliæ dans la Byzacène.

FVSCINVLVS. Il assista, parmi les Évêques catholiques, en 411, à la Conférence de Carthage, où il répondit à l'appel[1] : *Je suis présent; je n'ai point d'Évêque contre moi.*

DONATIEN. Il est le cent-unième sur la liste des Évêques de la province Byzacène que la notice nous apprend avoir été convoqués à Carthage par le roi Hunéric, avec les autres Évêques d'Afrique, en 484, et avoir tous été envoyés en exil.

CONSTANTIN. Son nom se trouve parmi ceux des Pères du Concile de la Byzacène qui écrivirent, en 641, à l'empereur Constantin, fils d'Héraclius, pour l'exhorter à réprimer l'hérésie des Monothélites[2].

---

[1] Cogn. 1. n. 126.
[2] Hard. 3. p. 739.

V. — AFRICA.

Africa est le nom que les chrétiens d'Europe donnèrent, au dixième siècle, à la ville que les arabes avaient fondée, en 912-913, sous le nom de El Mehdia, du prince Obeïd-Allah el Mahdi. Elle succédait, du reste, à une cité plus ancienne dont nous ignorons le nom. Prise par les rois de Sicile en 1147, reconquise par les musulmans en 1160, enfin démantelée par Charles-Quint, en 1551, Mehdia est restée dans sa déchéance jusqu'à nos jours.

Mais, au moment de la conquête chrétienne, Africa eut des Pontifes qui portèrent le titre d'Évêque et d'Archevêque. Les annales de Romuald disent, en effet, que, *à la demande du roi normand Roger, le pape Eugène donna à la conquête du prince des Archevêques et des Evêques*. Le premier archevêque d'Africa qui nous soit connu, est Cosmas.

COME. Son tombeau se trouve dans la crypte de la cathédrale de Palerme, en Sicile. Sur le devant de l'autel où l'on honorait ses reliques, les deux inscriptions suivantes attirent l'attention du pieux visiteur :

IN . HAC . TVMBA
IACET . COSMAS .. VE
NERABILIS . ARCHI
EPS . AFRICANVS.
ANNO . DNICE . INCA
RNATIONIS. MCIX.
INDICTIONE . NONA.
M . SEPTEMBRIS . DIE
X.

Et au-dessous de ce texte on peut lire la date de la translation des reliques :

IN : HOC : ALTARE : TRAS
LAT$\overline{\text{V}}$: $\overline{\text{E}}$: PSCRPT$\overline{\text{V}}$: COR
$\overline{\text{PS}}$: $\overline{\text{AN}}$: $\overline{\text{D}}$: MCCC : LXIX : IND :
VIII : M : OCTOBRIS : DIE : MERCVRI

Cet archevêque a-t-il occupé réellement le siège d'Africa? Nous ne pouvons le dire.

GEOFFROY. Sa signature, apposée sur un acte relatif à la chapelle royale de Palerme et daté de l'an 1140, nous apprend que, à cette époque, Joffridus Panet était Évêque d'Africa.

N..... Son nom ne nous est pas connu, mais nous savons qu'il fut consacré Archevêque d'Africa, en 1148, par le pape Eugène III, dans l'église de l'abbaye de Leno [1].

VI. — AFVFENIA.

La notice est seule à nous faire connaître le nom de Afufénia et il faut nous en rapporter à un manuscrit unique, celui de la bibliothèque de Laon, de sorte que rien ne nous permet de vérifier l'exactitude de ce nom qui paraît quelque peu étrange. Afufénia était-il un bourg ou

---

[1] Tabular. reg. Capell. Panormi. 1835. p. 13. — Zaccaria. Dell Antich. Badia di Leno. Venezia. 1767. p. 30.

une ville ? La notice dit seulement qu'elle se trouvait dans la Byzacène. Si nous savions avec certitude l'ordre suivi par son auteur dans le tableau des Évêques, car il n'a certainement pas suivi l'ordre alphabétique ni pour les noms des Évêques ni pour ceux de leurs sièges, nous pourrions, par ceux qu'il place avant ou après, reconnaître la position des villes dont les auteurs ne parlent pas. Mais on ne voit pas s'il a tenu compte de l'ancienneté des Évêques ou de l'emplacement des localités. Peut-être même les a-t-il simplement inscrits dans l'ordre où ils se présentaient à son esprit, se préoccupant davantage de n'en point omettre que de les classer avec ordre.

MANSVET. Il est compté des premiers parmi les Évêques de la Byzacène qui, sur l'ordre du roi Hunéric, se réunirent à Carthage, avec leurs autres collègues, en 484, et comme alors il ne s'en trouve point d'autre du même nom en Afrique, nous pensons que c'est bien lui que Victor de Vite met au nombre des Évêques les plus instruits et de ceux qui furent persécutés le plus cruellement par le roi[1]. *Alors aussi,* dit Victor, *il fit fustiger les vénérables Mansuet, Germain et beaucoup d'autres.* Les martyrologes en font mémoire en ces termes, le huit des ides de septembre : *En Afrique, les saints Évêques Donatien, Prœsidius, Mansuet, Germain et Fusculus, qui, au temps de la persécution Vandale, furent, par l'ordre du roi arien Hunéric, atrocement battus de verges et chassés en exil pour avoir confessé la vérité catholique,* etc.

[1] Pers. Vaud. 2. 16.

VII. — AGGAR.

Il y avait, dans la province Byzacène, plusieurs villes nommées Aggar. Nous trouvons aussi, dans la notice, deux Évêques qui ont porté en même temps le titre d'Aggar.

Si nous consultons la table de Peutinger, nous voyons qu'elle indique, sur la voie d'Althiburus à Thysdrus, à treize milles d'Uzappa et à quatorze milles des Aquæ Regiæ, une ville nommée Aggar, laquelle doit répondre aux ruines importantes de Sidi Amara. El Bekri, historien du onzième siècle, nomme encore cet endroit *Aggar*, et il mentionne la citadelle et le pont romain jeté sur l'oued Djelf, au défilé de Foum-el-Afrit. C'est toujours cette voie que suivent les caravanes. Aggar avait le titre de colonie, ses monuments l'attestent et ils nous montrent aussi que la cité possédait une communauté chrétienne.

On remarque, à Sidi Amara, les restes d'une citadelle, d'un temple, d'une porte monumentale, du forum avec ses colonnades et ses portiques, d'un mausolée nommé Ksar Khima, etc. La Table, d'autre part, met dans le sud de la province une ville nommée Aggar-sel-Nepte. Ce nom, qui la distingue de la précédente, indique qu'elle se trouvait près de Nepte, la moderne Nefta. On a cru reconnaître Aggar-sel-Nepte dans les ruines romaines de l'oasis d'El Kalaa, près de Douz.

Il faut ajouter que Hirtius, dans son livre de la guerre d'Afrique, mentionne une ville appelée Agar, qu'il place à seize milles de Thapsus. On croit, et non sans raison, que c'est la même que Pline appelle Acchar ou Aggar et qu'il cite après Achulla, c'est-à-dire dans la région de Thapsus. On a cru retrouver cette ville à Beni-Hasseïn, grosse bourgade qui a succédé à une ville antique. Elle est située à quinze kilomètres sud sud-ouest de Leptis et à quatre kilomètres à l'est de Avidus. Il convient de mentionner aussi la station que l'Itinéraire d'Antonin appelle Agarlabas et qu'il place sur la voie qui mène des Aquæ Tacapitanæ à Turris Tamalleni, dans l'extrême sud de la Byzacène.

La notice, donnant les noms de deux Évêques d'Aggar, sans faire de distinction entre les deux villes, nous pouvons indifféremment attribuer les deux Évêques à l'une et à l'autre.

DONAT. Il figure le cent-huitième parmi les Évêques de la Byzacène, cités par la notice, dans laquelle vient, de suite après lui, Vigile de Thapsus. Or, tous deux, appelés à Carthage, en 484, par l'ordre du roi Hunéric, furent condamnés à l'exil comme les autres Évêques.

VIII. — AGGAR-SEL-NEPTE.

Nous appellerons ainsi la seconde Aggar pour la distinguer de la précédente et nous renvoyons pour ce qui la concerne à ce que nous avons dit plus haut.

FILTIOSVS. La notice porte son nom le vingt-neuvième parmi ceux des Évêques de la Byzacène. Filtiosus est peut-être ce vénérable confesseur de la foi que les manuscrits de Victor de Vite [1] et les martyrologes, au six septembre, appellent Fusculus, autrement Flosculus. Il y est cité après les Évêques Mansuet et Germain. Le roi Hunéric les fit battre de verges avant leur exil. Le nom de Fusculus ne se lit, en effet, nulle part dans la notice. Divers martyrologes d'Usuard écrivent Fulcolus et Fustolus. Nous pouvons donc admettre qu'il y a erreur soit dans la notice, soit dans les exemplaires des autres ouvrages qui font mention de Fusculus.

IX. — AGGER.

Selon la table de Peutinger, il y avait une ville nommée Aggersel, autrement Aggarsel, Aggerfel, entre Mediccera et Ulisippira. On croit qu'elle est représentée par les ruines nommées Sidi Abder-Rahman el Garsi. L'anonyme de Ravenne la nomme Agerthel. Il est probable que la syllabe sel ou tel était suivie d'un autre nom de ville et qu'elle servait à distinguer Agger d'une autre ville de même nom, comme cela avait lieu pour Aggar, selon ce qui a été indiqué plus haut.

EMILIEN. Il assista, en 411, dans les rangs des Évêques catholiques, à la Conférence de Carthage, et lorsqu'il eut répondu, à l'appel de son nom : *Je suis présent* [2], Can-

---

[1] Pers. Vaud. 2. 16.
[2] Cogn. 1. n. 126.

dorius, Évêque des Donatistes d'Agger, présent aussi, ajouta : *Je le connais*. Puis, ce même Candorius, appelé à son tour, dit : *J'ai donné mandat et j'ai souscrit, j'ai un compétiteur*, c'est-à-dire Émilien lui-même [1].

X. — AMMAEDARA.

Le nom antique de cette ville fut probablement Medara, qui devint ensuite Ad Medera, Ammedera et Ammædara, que nous trouvons sur les monuments épigraphiques. Ainsi, la dédicace suivante [2] :

DDNN val diocletiano AVG . VII . ET . maximiano AVG . VI . COS
KAL . APRILIB . PORTICVS . THEATRI . SVMPTV . PVBLICO
COLONIAE AMMAEDARENSIVM RESTITVTAE

Et cette autre qui fournit le nom de la colonie, *Flavia Augusta Aemerita Ammœdara* [3] :

IMP . CAES
M . AVRELIO
VALERIO
maximiANO
PIO . FELICI
INVICTO
AVG
COL . FL . AVG
AEMERITA
AMMAED.
D . D . P . P

[1] Cogn. 1. n. 163.
[2] Corpus. 309.
[3] Ibid. 308. cf. 302. etc. et Hygin de limit. p. 180

Nous croyons que c'est la *civitas Themetra ex Africa* qui, selon une inscription de l'an 27, était administrée par des suffètes [1]. De nombreux auteurs ont parlé d'Ammædara en écrivant son nom avec toutes sortes de variantes. Pour Procope, c'est *Aumetera*. Orose [2] la nomme Metridera et il nous apprend que Gildon fut battu près de l'Ardalio qui coule entre Théveste et Ammædara. Les Itinéraires la placent à vingt-cinq milles de Théveste sur la grande voie de Carthage.

Ammædara porte aujourd'hui le nom de Haïdra, qui est une altération de l'antique appellation. Ce n'est qu'une grande ruine couvrant une colline qui s'abaisse vers la rive droite de l'oued Haïdra. Un pont reliait la ville à un faubourg assez étendu situé sur la rive droite. Les deux rives de l'Ardalio étaient revêtues de quais. En face du pont, sur la rive droite, s'élevait un *castrum* carré, percé de trois portes et renfermant dans son enceinte une basilique. Parmi les ruines d'Ammædara, on a reconnu six ou sept autres basiliques, dont la plus grande mesure cinquante pas de longueur sur vingt pas de largeur.

C'est dans la basilique de la citadelle et sur deux chapiteaux que les deux textes suivants étaient gravés [3] :

<pre>
        GLORIA IN excel
        SIS D̄O ET IN TE
        RRA PAx
           HOMINIB
           BONE BOLV
           M TA TIS
</pre>

Ailleurs, en Afrique, à Carthage et dans les diverses

[1] Corpus v. n. 4919.
[2] Hist. 6. 36.
[3] Corpus n. 462.

provinces, la même acclamation se trouve gravée sur des chapiteaux, des linteaux de porte, des bassins, etc. Une autre église, non moins remarquable, servait aux religieux ou aux religieuses d'un vaste monastère depuis longtemps désert.

La plus intéressante peut-être est celle qui est privée d'abside mais dont le sol est pavé de dalles funéraires. Parmi celles-ci nous en signalerons une qui est de l'an 4 du roi Hildéric, c'est-à-dire de 525-526 ou 526-527.

Au-dessous du monogramme, accosté de l'alpha et de l'oméga et de deux palmes, on lit[1] :

ASTIVS MVSTE
LVS FL PP CRISTI
ANVS VIXIT AN
NIS LXXII QVIEVIT VIII
ID DE CEM
BRES ANNO
IIII DN REGIS
IL D IRIX

Nous savons que le roi Hildéric mit un terme à la persécution et rendit leurs églises aux catholiques et nous avons probablement ici la tombe d'un personnage chrétien qui aura contribué à la restauration de l'église.

Le titre de flamine perpétuel chrétien ne doit pas nous surprendre ; il était purement honorifique. Du reste, cette question a été traitée à l'article de Cuicul, ville épiscopale de la Numidie.

Une dalle voisine, dans la même basilique d'Ammædara, nous montre un parent d'Astius Mustelus orné du même titre[2] :

---

[1] Corpus. 10516.
[2] Ibid. n. 450.

ASTIVS VINDICIANVS
VC ET FL PP

C'était une famille de rang sénatorial et dont les membres portaient aussi le titre de clarissimes.

Sur une autre dalle voisine, nous voyons un personnage honoré d'un titre moins pompeux, mais très usité à l'époque Vandale [1] :

```
FL - - SI † L BA
NIANVS ILLS
VIXIT ANN
XXX QVIEBT
SB ID - AGVS
TAS IDT OCTA
```

Victor de Vite nous apprend que quantité de personnages *illustres* catholiques [2], que des sénateurs et même des proconsuls, des comtes, etc., furent impitoyablement persécutés par les Vandales ariens.

La même basilique conserve encore l'épitaphe d'un lecteur, conçue en ces termes [3] :

```
VITALIS
LECTOR
IN PACE
VIXIT
ANNIS V
DEPOSITVS
SDE III NO
NAS . MA
IAS IND PRI
MA
```

[1] Corpus 451.
[2] Pers. Vaud. 1. 2 et 7.
[3] Corpus. 453.

Ce lecteur de cinq ans fait penser aux douze enfants lecteurs de l'église de Carthage dont parle Victor de Vite [1]. Ils furent exilés par le roi Hunéric et passèrent peut-être à Ammædara qui se trouve sur la route de Carthage au désert habité par les Maures. C'est à ceux-ci, restés païens, que le tyran arien envoyait les catholiques par milliers.

Une table d'autel, trouvée dans la même basilique, porte un texte dont la lecture n'a pas été faite jusqu'ici d'une manière satisfaisante [2].

Une petite basilique d'Ammædara, ou mieux une *cella* rectangulaire de dix mètres de longueur sur cinq mètres de largeur contenait une sorte de petit autel, ou plaque de marbre haute d'un mètre et large de soixante centimètres. Sur ce marbre est gravée l'inscription suivante [3] :

> HIC HABENTVR
> MEMORIE SA$\overline{CM}$
> PANTALEONTI
> IVLIANIE COMITV

C'était une de ces *memoriæ* dont il est fait mention plus d'une fois dans l'histoire de l'église africaine et que saint Augustin rappelle si souvent dans ses écrits. Les reliques qu'on y vénérait et sous la protection desquelles on plaçait les sépultures, étaient ordinairement des objets qui avaient été sanctifiés par le contact des corps saints dont les noms sont conservés sur le marbre.

Il s'agit ici de saint Pantaléon, le célèbre médecin et martyr de Nicomédie, de saint Julien d'Espagne probablement et d'autres saints de divers pays et de diverses

---

[1] Pers. Vaud. 3. 34. puis 4. 5. et 9.
[2] Corpus. 449.
[3] Ibid. 10515.

époques qui leur avaient été associés par les pieux fondateurs de la cella pour les sépultures de leur famille.

Nous ne dirons rien de plus des autres nombreux monuments chrétiens qu'Ammædara a conservés, ni des monuments publics qui s'étalent sur son sol dévasté, mais nous rappellerons que les cimetières chrétiens de Rome ont procuré le dernier repos à plusieurs fidèles d'Ammædara. Leurs épitaphes disent en effet que par leur origine ces fidèles chrétiens étaient *Ammedarenses* ou *de regione ad mederensium*[1].

EVGENE. Il vota le vingt-deuxième dans le troisième concile que saint Cyprien tint à Carthage sur la question du Baptême, en 255[2].

SPERAT. Il se trouva, en 411, à la Conférence de Carthage, où il est dit qu'à l'appel de son nom il répondit : *Je suis présent*. Mais l'Évêque Donatiste Crescentien, son compétiteur, s'y trouvait aussi. Il ajouta[3] : *Je le reconnais*. Il est de nouveau fait mention de ce dernier, lorsqu'on lui demanda sa déclaration, et il dit alors[4] : *J'ai donné mandat et j'ai souscrit*.

N.... Son épitaphe a été retrouvée près de la citadelle d'Ammædara. Elle est malheureusement incomplète et porte seulement ce qui suit[5] :

---

[1] Rom. Bullet. 1877. p. 121. Boldetti. osserv. p. 411. Marini. Arv. p. 405.
[2] Hard. 1. p. 167.
[3] Cogn. 1. n. 126.
[4] Ibid. n. 208.
[5] Bull. Arch. 1888. p. 356.

```
         VORE
       te RDENVm
        AFABIDE
     AVS EPC PS RE
  anNIS LXXX DPSTS SVb
       INA XII V
```

La notice de Léon le Sage contient le nom de Mamida, ville de Byzacène, qui est peut-être la même que Ammædara. Elle aurait eu encore un Évêque en 883.

XI. — AMVDARSA.

L'Itinéraire d'Antonin met Amudarsa sur la voie de Sufetula à Thenas, à vingt-cinq milles d'Autenti et à la même distance d'Ovisce ; mais ces deux dernières villes n'ont pas été retrouvées et la position d'Amudarsa, dans la plaine de Saïda, reste incertaine.

DONAT de Samudarta pour Amudarsa, assista, en 393, dans les rangs des Maximianistes, au Concile de Cabarsussi, qui condamna Primien. Il signa la lettre qui fut adressée, à cette occasion, à tous les Évêques de l'Afrique[1].

MAIVS. Son nom se lit dans la Conférence de Carthage et nous y apprenons qu'il était citoyen d'Amudarsa et son Évêque, sans compétiteur donatiste, car il répondit ainsi à l'appel[2] : *Je suis présent ; dans ma patrie, l'église est*

---

[1] Apud Aug. in ps. 36. serm. 2. 20.
[2] Cogn. 1. 126.

catholique. Nous savons, au reste, que la plupart des Évêques étaient alors choisis parmi les membres du clergé local.

LIBERAT. Il est à la tête des Évêques de la province Byzacène qui, en 484, mandés à Carthage par le roi Hunéric, subirent la peine de l'exil comme tous les Évêques catholiques. Libérat fut du nombre de ceux qui moururent pour la foi, desquels on peut dire ce que dit l'Esprit Saint au livre de la Sagesse [1] : *Il les a éprouvés (probavit) comme on éprouve l'or dans la fournaise et il les a trouvés dignes de lui*. Et de fait, l'annotateur de la liste épiscopale de l'an 482 a ajouté au nom de Libérat la note *probatus*.

XII. — ANCVSA.

La notice atteste que Ancusa se trouvait dans la province Byzacène, et peut-être était-elle située dans la région d'Avidus ; mais les géographes ne nous ont rien transmis de plus à son sujet.

GVDVOVS. Il assista, en 411, à la Conférence de Carthage et à l'appel il répondit [2] : *Je suis présent*. Donat, son compétiteur, se trouvait aussi présent et il dit : *Je le connais*. Le nom de ce même Donat est de nouveau cité

---

[1] Sap. 3 5.
[2] Cogn. 1. 126.

plus bas et il est dit qu'il fit sa déclaration selon la formule usitée [1] : *J'ai donné mandat et j'ai souscrit.*

VICTORIN. La notice le cite le cinquième parmi les Évêques de la Byzacène qui, en 484, après s'être réunis à Carthage, sur l'ordre du roi Hunéric, avec les autres Évêques d'Afrique, furent tous envoyés en exil.

XIII. — AQVAE.

C'est à l'oasis actuelle d'el Hamma, à deux heures de distance et au nord de Tozeuz, l'ancienne Tusurus, qu'il faut chercher les Aquæ de la Byzacène. Son nom el Hamma signifie les Eaux, et pour le distinguer du Hamma de Gabès, qui représente les Aquæ de Tacapæ, on le nomme encore aujourd'hui le Hamma de Tozeuz.

Il est situé sur le bord du Chott el Gharsa et il forme une oasis composée de quatre villages. On y compte un millier d'habitants et cinquante mille palmiers. Les sources sont minérales. La principale est sulfureuse et coule dans deux bassins antiques, voisins l'un de l'autre, le premier oblong et en partie détruit, le second carré et encore intact. Bâtis tous deux avec de belles pierres, ils remontent à l'époque romaine.

IANVIER. Il était donatiste, et assista, en 393, au Concile de Cabarsussi, comme le prouve la lettre synodale de ce

---

[1] Cogn. 1. 208.

même Concile, qu'il signa et que saint Augustin nous a conservée dans son deuxième sermon sur le psaume trente-sixième, où il l'a insérée tout entière. Janvier était de la secte des Maximianistes qui condamnèrent alors Primien, quoique absent.

Nous attribuons Janvier aux Aquæ de la Byzacène parce que la plupart des Évêques du Concile de Cabarsussi appartenaient à l'Afrique propre.

VICTORINIEN. Il assista, en 411, à la Conférence de Carthage, où il se présentait avec assurance parmi les Donatistes, comme évêque d'Aquæ, alors qu'il venait de quitter cette dernière ville, n'étant encore que prêtre, et qu'ordonné en chemin par ceux de sa secte, il n'avait même pas pris possession de son siège épiscopal. Aussi, lorsque, dans l'assemblée des Évêques, il se présenta devant le tribun pour dire [1] : *J'ai donné mandat et j'ai souscrit*, Asellicus, évêque catholique du municipe de Tusurus, dans la même province, se leva et dit : *Je prends à témoin le Dieu tout-puissant et Jésus-Christ notre Sauveur, que nous avons quitté le pays des Arzuges le trois des calendes de mai, et qu'il n'était que prêtre et non évêque. Il a été ordonné en chemin ; mais cette secte, dont il s'appuie, a déjà là un évêque qui a été surpris en flagrant délit d'adultère. L'instruction de sa cause est encore pendante.*

Le pays des Arzuges est la région des Merazig actuels qui gardent leur ancien nom. Il se trouve sur la voie méridionale de Nepte à Tacapæ et nous voyons par ce récit que les Évêques catholiques et donatistes de cette région

[1] Cogn. 1. 208.

voyageant ensemble avec les relais impériaux prirent à Tacapæ la voie de mer qui les mena à Carthage.

CRESCENT. Il était primat de la province, en 455 ou environ, et *il avait*, dit Victor de Vite [1], *sous sa juridiction cent vingt Évêques*. Il est mentionné avec d'autres Évêques de la Byzacène qui furent exilés par Genséric, parce que, afin d'exciter la colère de ce prince, on les avait accusés calomnieusement d'avoir mal parlé de lui.

Quant à attribuer Crescent aux Aquæ de la Maurétanie, il n'y faut pas songer, car alors la Maurétanie n'était pas sous la domination directe de Genséric, ainsi qu'on peut le constater en lisant Victor de Vite. Cet auteur, d'autre part, nous assure que Genséric s'était spécialement réservé la Byzacène. Et en vérité nous voyons que Crescent est condamné avec les Évêques de Girba, de Sufès, de Theudala et deux autres de la Tripolitaine [2].

N.... La notice de 482 porte que, à cette époque, l'église d'Aquæ n'avait point d'Évêque à sa tête pour la diriger, et puisque le nom de la ville est cité, c'est sans doute que son Évêque était exilé ou s'était expatrié pour ne pas tomber entre les mains du persécuteur Arien.

---

[1] Pers. Vaud. 1. 7.
[2] Il se pourrait que Janvier ait été évêque des Aquæ Tacapitanæ civitatis, le Hamma de Gabès. Car il est dit en Victor de Vite métropolitain de *Aquitaniæ civitatis*, qui est une mauvaise lecture.

XIV. — AQUAE ALBAE.

La notice nous apprend qu'il y avait, en Afrique, deux villes appelées Aquæ Albæ. Celle dont nous parlons ici, se trouvait dans la Byzacène. Les localités qui portent le nom de Aïn Beïda, équivalent de Aquæ Albæ, ne sont pas rares en Afrique. Il y a, entre autres, une Aïn Beïda dans la Byzacène, dans la région du mont Trozza. On y voit des ruines assez étendues, situées sur une éminence et traversées par les eaux d'une source qui n'a aucune propriété thermale.

IANVIER. Il assista, dans les rangs des Donatistes, à la Conférence de Carthage, en 411. A l'appel, il dit[1] : *J'ai donné mandat et j'ai souscrit.* Cet évêque peut fort bien être le même que l'évêque Maximianiste que nous avons attribué aux Aquæ. Il n'est pas rare, en effet, de voir les Évêques africains souscrire en laissant de côté le qualificatif qui distinguait leurs sièges.

RESTITUT. Nous lisons son nom le cinquante-deuxième parmi ceux des Évêques de la Byzacène que le roi Hunéric, après les avoir convoqués à Carthage, en 484, envoya en exil, avec leurs autres collègues, à cause de leur constance à professer la foi catholique. Par suite d'une inattention du copiste, le nom de Restitut de Aquæ Albæ, autrement Aqui Aba, est répété deux fois dans l'unique manuscrit de la notice.

[1] Cogn. 1. 197.

XV. — AQUAE REGIAE.

Aquæ Regiæ est une ville connue de la Byzacène; elle est souvent citée dans l'Itinéraire d'Antonin et on la trouve aussi dans la table de Peutinger. C'est qu'elle était un des nœuds principaux du réseau routier de la Byzacène. Là aboutissaient les routes d'Assuras par Zama, de Sufès par Marazana, de Sufetula par Masclianæ, d'Hadrumète par Vicus Augusti et de Thysdrus par Aeliæ.

Néanmoins, sa position n'est pas encore fixée. Nous la placerions volontiers à Aïn Djelloula. L'historien El Bekri nous apprend que de son temps Aïn Djelloula était une localité florissante, sur la voie qui menait à la Numidie et à la Maurétanie. La source est abondante et l'on voit encore les restes d'une enceinte flanquée de tours carrées, les ruines de quais et de thermes importants.

D'autre part, ce point s'accorde avec les données des Itinéraires qui mettent Aquæ Regiæ à quatorze milles d'Aggar, à trente-cinq milles de Vicus Augusti, et à dix-sept ou dix-huit milles de Masclianæ. D'autres, cependant, identifient Djelloula avec Cululi.

La célébrité d'Aquæ Regiæ vient surtout des deux frères, martyrs très illustres, qui étaient originaires de cette ville et qui subirent dans celle de Tambaïa un très glorieux martyre. Victor de Vite rapporte [1] leur fin bienheureuse, sans toutefois nous faire connaître ni leurs noms ni leur temps, sauf qu'il met leur martyre sous le roi Hunéric. Ils sont honorés le vingt-trois mars.

[1] Pers. Vaud. 5. 5.

Le titre de Regiæ fut donné à Aquæ probablement à l'époque des rois numides qui occupèrent cette portion de l'Afrique.

MAXIMIEN. Il se rendit à Carthage pour la Conférence qui eut lieu, en 411, entre les Catholiques et les Donatistes. A l'appel des Évêques, quand son nom fut prononcé, il dit[1] : *Je suis présent ; dans mon diocèse, qui est ma patrie, il n'y a point d'autre évêque que moi.* Plus tard, nous le retrouvons, comme le prouve sa signature, au Concile de Carthage de 419, auquel il assista comme député de la province de Byzacène[2].

LIBÉRAT. Il est le quatre-vingt-sixième parmi les Évêques de la Byzacène, cités par la notice avec les autres Évêques que le roi Hunéric, en 484, avait convoqués à Carthage et qu'il fit tous exiler. Une note ajoutée à son nom nous apprend que Libérat mourut en exil pour la foi catholique.

XVI. — ARAS.

Nous connaissons trois Évêques d'Aras. L'un assista au Concile de Cabarsussi et les deux autres Donatistes se trouvèrent à la Conférence de 411. Il faut donc admettre, au moins, deux évêchés de ce nom. Mais comme aucun

[1] Cogn. 1. 126.
[2] Hard. 1. p. 1250.

des trois Évêques ne peut être rattaché à une province spéciale, nous pouvons indifféremment attribuer chacun d'eux à l'une ou l'autre des deux Aras.

Il y avait une ville portant le nom d'Aras dans la province de Sitifis : elle a été retrouvée et nous en parlerons en son lieu.

Il y avait aussi, dans la Tripolitaine, les Aræ Philenorum, mais il est douteux que cette localité ait jamais eu des Évêques. Nous savons, d'autre part, que le plus grand nombre des Évêques qui assistèrent au Concile de Cabarsussi appartenaient à l'Afrique propre, et celle-ci comprenait la Proconsulaire et la Byzacène. Ainsi, nous n'avons aucune raison sérieuse d'attribuer la seconde Aras à la Byzacène plutôt qu'à la Proconsulaire.

AVGENDVS. Il est mentionné parmi les autres Évêques dans la lettre synodale du Concile tenu à Cabarsussi par les Maximianistes, lettre adressée, en 393, à tous les Évêques d'Afrique. Mais soit qu'il fût absent, soit qu'il fût malade, ce fut Annibonius, dit de Robauta, qui signa pour Augendus [1]. A la Conférence de 411 nous trouvons un Augendus de Villa Magna, qui était passé du Donatisme au Catholicisme.

DONAT. Il assista, dans les rangs des Donatistes, à la Conférence de Carthage, en 411. A l'appel il répondit [2] : *J'ai donné mandat et j'ai souscrit ; je n'ai point de traditeurs dans mon peuple.*

---

[1] Aug. serm. 2. in ps. 36.
[2] Cogn. 1. 201.

XVII. — AVRV SVLIANA.

D'après la notice, il y avait en Byzacène un Évêché de Suliana. D'autre part, les Itinéraires attestent l'existence d'une station nommée Auru, dans la Tripolitaine, sur la voie de Tacapæ à Leptis Magna.

Deux Évêques sont attribués à Auru Suliana, en 393 et en 411. Celui qui assista à la Conférence de 411 paraît être le même qui représentait les Donatistes à Marazana. Quant à celui qui prit part au Concile de 393, il appartient peut-être aussi à la même ville de Marazana et c'est de lui qu'il serait question dans les actes de la Conférence, ce qu'on peut voir à l'article de Marazana. Toujours est-il que le nom de Aurusuliana offre des variantes considérables dans les manuscrits.

SECVNDIN. On le trouve parmi les évêques Maximianistes qui signèrent la lettre synodale du Concile de Cabarsussi, en 393 [1].

HABETDEVM. Il assista, parmi les Donatistes, à la Conférence de Carthage, où il répondit à l'appel [2] : *J'ai donné mandat et j'ai souscrit.*

---

[1] Aug. serm. 2. in ps. 36. n. 20.
[2] Cogn. 1. n. 206.

XVIII. — AVTENTA.

La notice prouve que Autenta était située dans la Byzacène. Et nous savons, par l'Itinéraire d'Antonin, qu'elle se trouvait entre Amudarsa et Suffetula, à trente milles de cette ville et à vingt-cinq milles d'Amudarsa. Corippe mentionne Autenti dans sa Johannide [1]. Mais sa position n'a pas encore été déterminée.

HORTENSIVS. Il figure le cent quatrième sur la liste des Évêques de la Byzacène que le roi Hunéric bannit en 484 avec les autres Évêques catholiques.

OPTAT. Il signa la lettre du Concile de la Byzacène adressée, en 641, à l'empereur Constantin, fils d'Héraclius, contre les Monothélites. Le texte de cette lettre nous a été conservé par le Concile de Latran, tenu sous le pape Martin I [2].

XIX. — AVZAGERA.

Nous savons, par la notice, que Auzagera se trouvait dans la Byzacène. Ce doit être la ville que la table de Peutinger nomme Timezegeri Turris et qu'il place dans le pays des Arzuges, à vingt-neuf milles de Tacapæ, sur la

[1] Lib. 3. v. 313.
[2] Hard. 3. p. 739.

voie de Capsa. Tim ou Tin n'est qu'un préfixe berbère qui signifie l'endroit de Zegeri, est de même origine et signifie colline. Or, aux ruines dites Heuchir-el-Baguel et qu'on croit être l'ancienne Timezegeri, on remarque encore sur une colline les restes d'une tour romaine.

DONAT. Il assista, en 411, parmi les Donatistes à la Conférence, où il répondit à l'appel[1] : *J'ai donné mandat et j'ai souscrit.*

VILLATICVS. La notice le nomme le quatre-vingt-seizième parmi les Évêques de la Byzacène que le roi Hunéric condamna à l'exil, en 484, avec les autres Évêques d'Afrique, à cause de leur profession de foi catholique.

XX. — AVIDVS.

Ptolémée marque Avidus dans la dépendance de Hadrumète, avec Vicus Augusti et Thysdrus. La table de Peutinger, plus précise, place Avidu vicus entre Thysdrus et Hadrumète, à vingt-cinq milles de cette ville et à neuf milles de Sassura vicus. C'est au bourg arabe de Zeremdine qu'il faut chercher Avidus. Il est sur l'emplacement de la ville antique dont il couvre le côté oriental.

HONORAT. Il vint à Carthage, en 411, pour la Conférence et, dans cette assemblée, il attesta que son église lui était

[1] Cogn. 1. 208.

tout entière soumise. *Je suis présent*, dit-il, *et je n'ai point d'Évêque contre moi* [1].

BONIFACE. Victor de Vite le nomme Bonifacius Sibidensis, qui ne doit pas nous étonner plus que le Honoratus Abiddensis de la Conférence de Carthage. Il le cite parmi ceux qui eurent à souffrir, par ordre d'Hunéric, les plus cruels tourments, lorsqu'il exila tous les Évêques [2]. Il est probable que Boniface avait été déjà jeté en prison et condamné à mort bien avant la convocation des Évêques à Carthage en 484, car la notice de 482 n'a pas inscrit son nom sur la liste des Évêques que le persécuteur arien exila à cette époque.

XXI. — BAHANNA.

Bahanna, autrement Boana et Bana, se trouvait dans la Byzacène, comme le montre la notice. Il y avait un monastère dit de Bana, autrement Bacca, dans le voisinage de l'église de Maximiana. Mais celle-ci n'est guère plus connue que Bahanna. Nous connaissons les ruines de Biniana, à treize kilomètres au nord nord-ouest d'Hadrumète, et celles de Nebahna, situées entre Kaisoan et Horrea Cælia, mais rien ne prouve que l'une ou l'autre de ces deux anciennes villes romaines représente Bahanna et que leur nom actuel représente l'appellation antique.

[1] Cog. 1. 126.
[2] Pers. Vaud. 5. 1.

VICTOR. Il fut du nombre des Évêques catholiques qui, en 411, assistèrent à la Conférence de Carthage où, après avoir répondu à l'appel [1] : *Je suis présent,* il ajouta : *J'ai l'unité.*

DONAT. La notice le compte le soixante-treizième parmi les Évêques de la Byzacène que le roi Hunéric convoqua à Carthage, à l'assemblée générale des Évêques, en 484, et qu'il exila comme tous les autres.

IANVIER. Il signa la lettre adressée, en 641, par le concile de la Byzacène, à l'empereur Constantin, fils d'Héraclius, contre les Monothélites [2].

XXII. — BARARVS.

La table de Peutinger met le municipe de Bararus, autrement Vararus, entre Usula et Thysdrus, à neuf milles de cette dernière ville et à vingt-trois milles d'Usula. Les ruines de Bararus couvrent, dans la plaine de Rougaa, un espace dont le périmètre est de plus de trois milles romains. Elles offrent encore les restes d'une basilique à cinq nefs, celles d'un arc de triomphe et d'un amphithéâtre. Ptolémée la nomme Cararus, mais cette lecture provient de l'ignorance des copistes. La notice confirme toutes ces données en attribuant aussi Bararus à la Byzacène.

[1] Cog. 1. 126.
[2] Hard. 3. p. 740.

IVLIEN. Il figure le soixante-dixième parmi les Évêques de la Byzacène qui se rendirent à la réunion de Carthage, en 484, et furent ensuite envoyés en exil avec leurs autres collègues, par ordre du roi Hunéric.

XXIII. — BASSIANA.

Le nom de cette ville est loin d'être certain, car il offre de nombreuses variantes, telles que Bissiana, Brisiana, Prisiana, etc. Il n'est pas certain non plus qu'elle appartient à la Byzacène, parce que nous ne connaissons que deux de ses Évêques, lesquels ont assisté aux conciles de Cabarsussi et de Chalcédoine. Si le nom de Bassiana que nous avons adopté est le vrai, la ville le doit probablement à quelque personnage du même nom. L'empereur Elagabale portait le nom de Bassianus.

SECVNDIEN. Il assista, avec les Maximianistes, au Concile de Cabarsussi, tenu par eux, en 393, contre Primien de Carthage. Il signa[1] la lettre adressée alors à tous les Évêques de la Proconsulaire, de la Numidie, de la Maurétanie, de la Byzacène et de la Tripolitaine, au sujet de la condamnation de Primien.

VALERIEN. Cet Évêque assistait, en 451, au concile de Chalcédoine. Son nom se lit le dernier dans les signatures que Sirmond a publiées, avec celui d'un autre Valérien qui

---

[1] Aug. serm. 2. in ps. 36. n. 20.

représentait également la province d'Afrique et dont nous ne connaissons pas le siège. Les deux Évêques africains avaient-ils été députés par leurs collègues ? Ou bien étaient-ils des exilés, forcés ou volontaires, victimes de la persécution Vandale ? Cette dernière hypothèse paraît être la plus vraisemblable.

XXIV. — BAVAGALIANA.

Les actes du Concile de Carthage, en 525, montrent que Bavagaliana, autrement Banagaliana, appartenait à la province de la Byzacène. Il y avait dans ce diocèse un monastère dont il fut beaucoup question dans le Concile et qui est appelé le monastère de Banagaliana ou simplement de Bana, autrement Bacca. Nous en avons dit un mot à l'article de Bahanna et il ne serait pas du tout impossible de voir dans Bavagaliana, qui est un nom étrange, une altération de Bahanna.

BONIFACE. Il était primat de sa province la vingt et unième année du règne de Trasamond, c'est-à-dire l'an 517 de l'ère chrétienne. On lut, au Concile de Carthage de l'an 525, la lettre qu'il avait écrite du lieu de son exil, pour enjoindre qu'on laissât les vierges consacrées à Dieu libres de choisir à leur gré le prêtre chargé auprès d'elles des fonctions saintes et de l'administration des sacrements [1].

[1] Hard. 2. p. 188.

XXV. — BENNEFA.

Il est certain, d'après la notice, que cette ville était dans la Byzacène, et l'auteur de la vie de saint Fulgence de Ruspe indique qu'elle se trouvait près de la mer, en parlant du monastère habité par le saint, *tout près du littoral de Junca, contigu, pour la plus grande partie, à celui de Bennefa* [1]. Or Junca, comme nous le verrons, est représentée par les ruines de Ksar Ounga. Bennefa était au sud de Junca et ce sont très probablement les ruines de Sghira Kedima, situées sur un promontoire formé par la Mersa Sghira, qui la représentent.

QUINTASE. Il signa, au Concile de Cabarsussi, en 393, la lettre synodale des Maximianistes, que nous a conservée saint Augustin [2].

EMILIEN. Il assista au Concile et à la Conférence de Carthage, en 411, et à l'appel de son nom, dit [3] : *J'ai donné mandat pour ce qui est écrit ci-dessus et j'ai souscrit à Carthage.* Puis il ajouta : *Je n'ai personne contre moi.* Ce jour-là même, en effet, qui était celui des calendes de juin, l'Évêque donatiste Marinien était mort, et c'est ce que Valentinien, diacre du donatiste Primien, expliqua en ces termes : *Il s'appelait Marinien ; il est mort aujourd'hui.* Ce que confirma aussitôt Primien lui-

---

[1] Vita Fulg. 14.
[2] Serm. 2. in ps. 36. n. 20.
[3] Cogn. 133.

même, lors de l'appel des Évêques donatistes[1] : *Il a cessé de vivre aujourd'hui*, dit-il.

HORTULAN. On lit son nom le quatrième sur la liste des Évêques de la Byzacène qui, sur l'ordre du roi Hunéric, s'étant rendus à Carthage, en 484, ainsi que les autres Évêques énumérés par la notice, furent condamnés à l'exil. Son nom est également cité avec honneur par Victor de Vite. Ce dernier raconte [2] que Florentien de Midila et lui s'élevèrent énergiquement, au nom de tous, contre les ministres du roi qui voulaient les faire s'engager par serment à exécuter ce qui était convenu dans un papier qu'ils lui montraient de loin.

Enfin, le martyrologe romain en fait mention chaque année au quatre des calendes de décembre et on le trouve aussi dans le martyrologe d'Adon.

XXVI. — BLADIA.

Nous ne connaissons qu'un seul Évêque de Bladia. Il assista à la Conférence de 411 parmi les catholiques. Ailleurs, nous ne trouvons rien au sujet de cette ville. Aux environs de Thibaris, dans la Proconsulaire, il y avait un saltus Blandianus [3] qui a pu avoir un Évêque comme son voisin le saltus Burunitanus. Une épitaphe de Sicca men-

---

[1] Cogn. 198.
[2] Pers. Vaud. 4. 4.
[3] Bull. archéol.

tionne un certain *Q. Valerius Severus Platiensis sacerdos*[1]. Voilà pour la Proconsulaire. Aux confins de cette province et de la Byzacène il existe un groupe de ruines appelé Baldia, sur la rivière du même nom. C'est encore dans la Byzacène que se trouvait l'Évêché de Turris Blanda, lequel, en 411, avait un Évêque donatiste, qui peut fort bien être celui dont nous allons parler, car il devait être compris dans la liste des Donatistes quoiqu'il n'ait pu, pour cause de maladie, être présent quand les Évêques catholiques comparurent.

POTENTIVS. Il était catholique et, à la Conférence de Carthage, en 411, il répondit à l'appel de son nom[2] : *Je suis présent*. Il avait un compétiteur donatiste dans son église; mais, comme celui-ci ne se présentait pas pour témoigner qu'il le connaissait, le donatiste Adéodat de Milève intervint pour dire : *Celui que nous avons là souffre des yeux, il ne peut venir*. A quoi Alype de Thagaste, Évêque catholique, repartit : *Est-ce qu'il est à Carthage ?* L'incident n'eut pas d'autre suite, de sorte que nous pouvons admettre que cet Évêque donatiste était Maximin de Turris Blanda.

XXVII. — BVLELIANA.

La notice montre que Buleliana, autrement Baliliana et Bubeliana, était située dans la province Byzacène. C'est

[1] Corpus. 1649.
[2] Cogn. 1. 121.

probablement la même ville que Cybaliana, dont nous parlerons plus loin.

PANCRACE. Il signa la lettre synodale des Maximianistes au Concile de Cabarsussi, en 393 [1]. Il est dit Évêque de Babiliana, autrement Basiliana, Valiana et Baliana, de sorte que le nom de son siège est fort incertain, d'autant qu'en 411, un donatiste, Pancrace de Badia, assistait à la Conférence, et que, d'autre part, il y avait dans la Maurétanie césarienne un Évêché de Ballene.

FLAVIEN. Il figure le seizième parmi les Évêques de la Byzacène qui, avec les autres Évêques appelés de tous les points de l'Afrique à Carthage, furent exilés par le roi Hunéric, en 484, à cause de leur profession de foi catholique.

XXVIII. — CABARSVSSI.

Cabarsussi, autrement Cebarsussi, était une ville de la Byzacène. Saint Augustin en fait mention plus d'une fois et il rapporte [2] que les Maximianistes y réunirent un Concile, dans lequel fut condamné Primien de Carthage, Évêque des Donatistes.

Nous n'avons que fort peu de données sur cette ville qui devait se trouver dans la région d'Hadrumète. On re-

---

[1] Aug. serm. 3. in. ps. 36. n. 20.
[2] Serm. 2. in ps. 36. n. 20. Contra Crescon. 4. 6.

marquera que cette dernière porte encore le nom de Sousse et qu'une tribu de Souassi habite aux environs et sur les bords de la Sebkha de Cairoan.

Corippe, dans sa Johannide [1], mentionne, dans cette même région d'Hadrumète et de Menéfèse, un poste fortifié de Cebar, auquel fait allusion l'historien Procope [2].

DONAT. Cet Évêque assista, avec les Maximianistes, au Concile de 393, célébré dans son Église, et signa la lettre synodale contre Primien.

MARCIEN. Il assista, en 411, à la Conférence de Carthage. Il répondit à l'appel [3] : *Quoique je n'aie point d'adversaire, j'ai cependant donné mandat et j'ai souscrit.* Cet Évêque était donatiste et n'avait point de compétiteur contre lui.

THÉODORE. Victor de Tonnona parle en ces termes de cet Évêque [4] : *Théodore, évêque de Cabarsussi, défenseur des trois Chapitres, exilé dans la capitale* (Constantinople), *meurt le même mois et le même jour que Justinien, et est inhumé près des Confesseurs auxquels Hunéric, roi des Vandales, avait fait couper la langue.* Or, Justinien mourut en 565, le jour des ides de novembre.

MVSTVLVS. Nous lisons son nom parmi ceux des signataires de la lettre synodale du Concile de la Byzacène, envoyée, l'an 641, à Constantin, fils de l'empereur Héraclius.

---

[1] Lib. 4. v. 41.
[2] Bell. Vaud. 4. 23.
[3] Cogn. 1. 208.
[4] In chron.

Du reste, sa souscription porte : *Mustulus, par la grâce de Dieu, Evêque de la sainte Église de Cebaradefensa, comme dessus*[1].

XXIX. — CANIANA.

La ville de Caniana n'est connue que par un seul Évêque, le donatiste Maxime, qui assista à la Conférence de 411, de sorte que c'est par pure conjecture qu'elle est attribuée à la province Byzacène. Il est à remarquer qu'un évêque, nommé Maxime de Pittana, se trouvait au Concile de Cabarsussi en 393, et que le nom de Pittana a subi de nombreuses variantes dans les manuscrits.

MAXIME. Cet Évêque appartenait à la secte des Donatistes, et lorsqu'il se présenta à la Conférence de Carthage, en 411, il dit[2] : *J'ai donné mandat et j'ai souscrit ;* mais on ne voit point paraître contre lui d'Évêque catholique.

XXX. — CAPSA.

Il y avait, dans la Numidie, une localité nommée ad Capsum Juliani et, en Byzacène, une ville célèbre et antique, appelée Capsa. C'est cette dernière que saint Cyprien,

[1] Hard. 3. p. 740.
[2] Cog. 1. 206.

dans sa lettre à Fortunat et à ses autres collègues [1], appelle la cité de Capsa. Elle appartenait alors à l'Afrique propre, la Byzacène et la Tripolitaine n'étant pas encore constituées ni séparées de la Proconsulaire.

Dans la table de Peutinger, Capsa est appelée *colonie* et l'on peut croire que c'était une colonie de citoyens romains. D'après Salluste, Capsa fut prise par Marius [2] et Strabon rapporte [3] qu'elle fut détruite par César. Ptolémée la place dans la région du lac Triton [4]. Salluste dit que les habitants de Capsa possédaient une source à l'intérieur de la ville et se servaient aussi de l'eau de pluie. Les eaux abondantes de la source constituent une rivière qui fertilise les jardins au sud de la ville, comme le dit expressément le géographe arabe cité par Bochart [5]. Mais, du reste, au nord de Capsa, la région est dépourvue d'eau, ce qui obligea Marius à faire porter de l'eau dans des outres par ses soldats.

Capsa fut illustrée par sept moines dont nous avons les actes, à la fin de l'histoire de Victor de Vite. Ils furent pris dans un monastère, près de Capsa, et conduits à Carthage, où ils achevèrent leur martyre sous le roi Hunéric, en 482. On les ensevelit dans la métropole même, près de la basilique de Célérine.

Capsa est située sur un plateau, circonscrit par l'oued Baïach, dont le lit est presque toujours à sec. L'oasis s'étend au sud-ouest; elle est fertilisée par une double source qui jaillit, comme nous l'avons déjà dit, dans l'in-

---

[1] Ep. 53.
[2] Jug. 91.
[3] Lib. 17. p. 572.
[4] Lib. 4. c. 3.
[5] Geogr. chan. 1. 24.

térieur de la ville. Celle-ci occupe l'emplacement même de la cité antique dont elle a gardé le nom, Gafsa. Ses remparts existaient encore au onzième siècle, d'après El Bekri, et ils n'auraient été détruits que pendant les guerres africaines du moyen âge.

Léon l'Africain semble indiquer que Capsa gardait encore, au seizième siècle, une partie de son pavage antique. La ville actuelle est, du reste, entièrement bâtie avec des matériaux anciens. Les seuls monuments qui restent sont un arc de triomphe et les grandes piscines, appelées *Thermil* pour Thermis, dont les eaux ont une température de 32° centigrades.

Capsa, située au seuil du désert, est une des positions les plus importantes de l'Afrique.

Selon Salluste [1] et Orose [2], on attribuait sa fondation à Hercule le Lybien. Jugurtha en avait fait une de ses places d'armes [3]. La description que Salluste [4] et Florus [5] donnent des environs de la ville est toujours vraie. Pline met Capsa parmi les villes qui ont tout un peuple autour d'elles [6]. Municipe à l'époque d'Hadrien, qualifiée du titre de colonie par la table de Peutinger, elle reçut sous Justinien le nom de Justiniana. Un rescrit du même prince prouve qu'elle partagea avec Leptiminus le privilège d'être la résidence du commandant militaire de la Byzacène [7].

Capsa fut prise et démantelée par El Mansour, en 583 de l'hégire, mais son antique citadelle a toujours été res-

---

[1] Jug. 89.
[2] Hist. 5. 15.
[3] Strabon. 46. Orose ibid.
[4] Jug. 90. 91.
[5] 3. 1. 14.
[6] Hist. 5. 4. 30.
[7] Cod. Just. 1. 27. 8.

pectée. La population de la ville conserva longtemps ses mœurs. Au dire d'Edrisi, on y parlait encore un dialecte latin au douzième siècle et la religion chrétienne par conséquent devait y subsister encore. La liste de Léon le Sage atteste qu'en 883 Capsa avait un Évêque.

Le nom de Capsa, *reip(ublica) Taca(pitanorum et Cap)sensium,* se lit sur un monument de Capsa qui remonte au troisième siècle [1]. Deux autres monuments de l'époque Justinienne attestent sa restauration à cette époque byzantine. Sur l'un d'eux, nous lisons [2] :

(deo juvante felicissimis) temporibus piissimo (rum domin) orum nostrorum Ju(s)ti(nia)ni (et Theodoræ Augustorum || per gloriosum Solomo)nem excellenti(ssimum) magistrum militu(m, ex consule, bis p)re(fecto prætoriorum || Africæ ac patrici)o muri felicissi (me jus)tiniane Capse C(ivitatis a fundam) e (ntis restituti sunt.)

On a trouvé à Capsa quelques vestiges de monuments chrétiens.

DONATVLVS. Il se rendit à Carthage, en 255, pour le troisième Concile que saint Cyprien réunit au sujet du Baptême. Nous le voyons par les actes où l'on trouve son vote, qu'il donna le soixante-neuvième [3]. Il est certain que la lettre de saint Cyprien, qui traite *de ceux qui succombent aux tourments* [4], lui fut adressée. Donatulus, en effet, y est nommé, dès le début, avec plusieurs autres, et il y est fait mention de la ville de Capsa.

FORTVNATIEN. Cet Évêque assista, en 349, au Concile de Carthage, convoqué par Gratus [5]. Dans la préface des Actes

---

[1] Corpus. 100.
[2] Ibid. 101. cf. 102.
[3] Hard. 1. 175.
[4] Ep. 53.
[5] Hard. 1. p. 685.

de ce Concile, il est nommé le troisième, après Gratus et Félix de Baïana, d'où l'on peut conclure qu'il était alors le primat de sa province, à moins qu'il n'en fût un simple délégué.

QVINTASE. Il signa, avec les autres Maximianistes, la lettre synodale de leur Concile de Cabarsussi, tenu, en 393, contre Primien [1].

FORTVNAT. Cet Évêque se trouva, en 411, à la Conférence de Carthage, dans laquelle il est nommé, comme beaucoup d'autres Évêques du reste, *Évêque du peuple de Capsa*. Lorsqu'il eut répondu à l'appel de son nom, Céler, évêque du parti de Donat, dans la même ville, s'avança et dit : *Je le connais* [2]. Ce dernier répondit plus tard à l'appel parmi les siens et il est dit *Évêque de Capsa* [3], tandis que plus haut il est appelé *Évêque de la cité pour le parti de Donat*.

VINDEMIAL. Il est nommé le soixantième dans la notice parmi les Évêques de la Byzacène qui, en 484, reçurent l'ordre du roi Hunéric de se rendre à Carthage, puis furent, avec tous les Évêques de l'Afrique, condamnés à l'exil. Il est fait mention de ce même Évêque dans les Actes des sept martyrs de la ville de Capsa, *à laquelle*, est-il dit, *présidait Vindémial, prêtre admirable et Pontife fidèle du Christ*. Grégoire de Tours [4] et le martyrologe romain, au 2 mai, en font également mention. Vindémial

---

[1] Aug. serm. 2. in ps. 36. n. 20.
[2] Cogn. 1. 126.
[3] Ibid. 206.
[4] Hist. Franc. 2. 3.

était honoré encore avec Eugène de Carthage et Longin de Pomaria, comme martyr également, le premier février selon le martyrologe d'Usuard. Nous croyons que la ville de Trévise possède ses reliques.

Capsa, qui avait encore un Évêque en 883, eut plus tard des Évêques simplement titulaires, dont nous connaissons les suivants :

Jean Szianiavosky, 12 avril 1717 ;
Jérôme Lucini, 21 mars 1725 ;
Casimir Reyno, 30 mars 1729 ;
Charles-François Bailly de Messein, septembre 1788 ;
Charles O'Donnel, janvier 1798 ;
Laurent-Marie Imbert, 26 avril 1836 ;
Siméon-François Berneux, 22 mars 1844 ;
Augustin Chaussie, 16 décembre 1880.

XXXI. — CARCABIA.

La notice nous apprend que Carcabia, autrement Carcabiana, était une ville de la Byzacène. Les anciens auteurs ne fournissent aucun renseignement à son égard. Nous savons seulement que, au-delà de Tacapæ, et à l'est de Zerzis, il y a un groupe de ruines romaines appelées Carcabia. Mais ce point appartiendrait plutôt à la province Tripolitaine.

VICTORIEN. Cet Évêque fut un des douze consécrateurs de Maximien de Carthage et il assista, en 393, au Concile de Cabarsussi, dans lequel il est nommé le troisième [1]. L'année suivante, il fut condamné par les partisans de Primien et déposé de son siège. Les Donatistes le nomment le premier dans leur sentence [2]. Plusieurs manuscrits de saint Augustin l'appellent Victorien de Carthage [3].

DONATIEN. Il était aussi de la secte des Donatistes et il parut dans leurs rangs à la Conférence de Carthage de 411, où il employa la formule générale [4] : *J'ai donné mandat et j'ai souscrit.* Carcabia ne paraît pas avoir eu, en ce temps-là, d'Évêque catholique.

SIMPLICE. Il est le quatre-vingt-quatrième des Évêques de la Byzacène nommés dans la notice avec tous ceux que le roi Hunéric appela à Carthage, en 484, et qui de là furent envoyés en exil.

XXXII. — CARIANA.

Cariana, autrement Casulæ Carianæ, se trouvait dans la Byzacène, comme nous l'apprend la notice. Mabillon a cru qu'il était fait mention de cette ville dans le célèbre manuscrit de saint Hilaire, conservé à la bibliothèque du Vatican. On y lit, en effet, la note manuscrite suivante

---

[1] Aug. serm. 2. in ps. 36. n. 20. —Ep. 108. n. 15.
[2] Aug. Cont. Crescon. 4. 4. 5.
[3] Aug. serm. 2. in ps. 36. n. 20.
[4] Cogn. 1. 201.

d'un correcteur anonyme : *Collationné au nom du Seigneur Jésus-Christ, pendant que je me trouvais à Casulæ* (aput *Kasulis*), *l'an quatorze de Trasamond*[1], c'est-à-dire l'an 510 de notre ère, comme Holstein l'a noté en marge. Il est vrai, l'Itinéraire d'Antonin parle d'une Casula, mais celle-ci se trouve dans la Proconsulaire.

On a retrouvé un bourg important nommé les *Casæ Beguenses*, à Henchir el Begueur, dans la région de Sufès en Byzacène, mais cette localité ne paraît avoir aucun rapport avec l'Évêché de Cariana. Saint Augustin adresse une de ses lettres à un personnage nommé *Casulanus*.

SILVAIN. Cet Évêque assista, en 411, à la Conférence de Carthage et, ayant répondu à l'appel de son nom[2] : *Je suis présent*, il ajouta : *L'unité existe dans mon église*, voulant signifier ainsi que son église était pure de toute tache de donatisme.

QVINTIEN. Nous lisons son nom le cinquante-huitième sur la liste des Évêques de la Byzacène qui, avec les autres Évêques cités par la notice, se réunirent à Carthage, en 484, par ordre du roi Hunéric, et furent ensuite condamnés à l'exil.

XXXIII. — CENCVLIA.

Le bourg de Cenculia, autrement Cenculiana, appartenait à la Byzacène, comme l'indique la notice, où l'Évêché de Cunculiana est cité sans évêque. Jusqu'ici, du

---

[1] Diplom. lib. 5. p. 355.
[2] Cogn. 1. 126.

reste, on n'a trouvé aucun renseignement touchant la position de cette localité.

IANVIER. Cet Évêque assista, parmi les catholiques, en 411, à la Conférence de Carthage, où il répondit à l'appel de son nom[1] : *Je suis présent, il n'y a pas d'autre Evêque dans mon église ; elle est catholique.*

XXXIV. — CENA.

On ne trouve nulle trace de cette ville dans les anciens auteurs et nous ne pouvons affirmer qu'elle appartient à la Byzacène, parce que le seul Évêque connu de Cena, ou Cenæ, est mentionné dans les actes de la Conférence de 411 où l'on n'a pas tenu compte des provinces. Serait-ce le groupe des Keneïs, îles peu éloignées de Junca ?

BONIFACE. Cet Évêque assista, en 411, à la Conférence de Carthage. Il y est cité parmi les catholiques, et lorsqu'il eut répondu à l'appel[2] : *Je suis présent,* son compétiteur, Vindemius, se présenta et ajouta : *Je le connais.* Lorsqu'ensuite il fut appelé lui-même, il dit[3] : *J'ai donné mandat et j'ai souscrit.*

[1] Cogn. 1. 128.
[2] Ibid. 129.
[3] Ibid. 197.

XXXV. — CIBALIANA.

Il convient de faire, pour Cibaliana, les mêmes remarques que nous avons faites pour Cena. Nous trouvons dans les manuscrits diverses variantes, parmi lesquelles Cybaliana et Gubaliana. Cette dernière forme se rapproche de Goubeul, nom que portent encore les ruines d'une grosse bourgade, située à l'ouest de Thelepte. Mais aussi il y a, non loin de Ruspe, une ville antique dont le nom actuel est Djebeliana.

DONAT. Cet Évêque donna son sentiment le cinquante-cinquième au Concile de Carthage, le troisième que saint Cyprien célébra sur la question du Baptême, en l'an 255 [1].

CRESCONIVS. Il assista à la Conférence de Carthage, en 411, et à l'appel de son nom parmi ceux des Donatistes, il répondit [2] : *J'ai donné mandat et j'ai souscrit*. Il ne paraît pas qu'il y eut alors à Cibaliana d'Évêque catholique.

---

[1] Hard. 1. p. 174.
[2] Cogn. 1. 208.

XXXVI. — CILLIVM.

A Kasrin, en Tunisie, dans la province Byzacène, on voit encore debout un arc de triomphe, dédié autrefois à la colonie de Cillium [1].

> COLONIAE CILLITANAE
> Q. MANILIVS . FELIX . C . FILIVS . PAPIRIA . RECEPTVS .
> POST . ALIA . .
> ARCVM . QVOQVE . CVM . INSIGNIBVS . COLOniæ
> SOLITA . IN . PATRIAM . LIBERALITATE . EREXIT . OB
> CVIVS . DEDICATIONEM .
> DECVRIONIBVS . SPORTVLAS . CVRIIS . EPVlas dedit.

Colonie de Vespasien ou de Domitien, comme l'indique son nom de *colonia Flavia* [2], Cillium paraît avoir eu sa part des désastres dont l'invasion de Maxence fut le signal pour l'Afrique [3].

L'arc triomphal porte, en effet, au-dessous de sa clef de voûte, une inscription qui marque qu'il fut restauré à cette époque.

> CLEMENTIA . TEMPORIS . ET . VIRTVTE
> DIVINA. DD . NN . CONSTANTINI . ET . LICINI . INVC
> SEMPER . AVG . ORNAMENTA . LIBERTA . RESTITVTA . ET
> VETERA CIVI
> TATIS . INSIGNIA . CVRANTE . CEIONIO . APRONIANO . CV
> PATRO . CIVITATIS [4].

---

[1] Corpus. n. 210.
[2] Ibid. 2568.
[3] Vict. Cæs. 40. 19.
[4] Corpus. 210.

Nous lisons Cilium dans l'Itinéraire d'Antonin et la notice prouve que cette ville appartenait à la Byzacène.

Il y avait là un monastère, à la tête duquel se trouvait, au temps de l'empereur Justinien, l'abbé Félix, celui que le pape Vigile condamna avec le diacre Rusticus, comme ayant été fauteur des erreurs de ce même diacre. Plus tard, il fut condamné à l'exil par Justinien, pour avoir attaqué dans ses écrits le cinquième Concile œcuménique. Victor de Tonnona dit de lui dans sa chronique : *La dix-septième année après le consulat du clarissime Basile*, c'est-à-dire en l'an 557 de l'ère chrétienne, *Félix, abbé du monastère de Cillium, en exil à Sinope, passa de cette vie au Seigneur*. Il l'avait déjà mentionné à la dixième année après le consulat de Basile, et à la troisième année après le même consulat il nous apprend que le patrice Salomon avait été battu à Cillium par le chef Maure Stozza. Nous savons, du reste, que des moines grecs de Saint-Sabas de Palestine vinrent, à cette époque, fonder une laure ou monastère en Afrique. Les monastères de ce temps étaient pour l'ordinaire édifiés en forme de forteresse et c'est peut-être à cette particularité que Cillium doit son nom actuel, les deux châteaux ou Kasrin, à moins qu'elle ne le doive à deux grands mausolées qu'on remarque dans la nécropole.

La ville proprement dite était située sur le versant septentrional d'une colline qui domine la rive droite de l'oued Derb et que défendent, à l'ouest et à l'est, deux profonds ravins. L'arc de triomphe dont nous avons parlé, s'élève sur le plateau que couvrait la ville haute et au milieu des débris de cinq grands édifices construits en pierres colossales.

On signale, parmi les ruines, les restes d'une église d'époque byzantine. Les portes ont leurs tympans circulaires décorés de sculptures représentant des paons buvant dans un vase. Cette basilique est sur un plan rectangulaire.

La nécropole s'étendait entre la colline et la rive gauche de l'oued Derb.

Les ruines de Cillium ont fourni des carreaux historiés en terre cuite, offrant des sujets divers avec ou sans inscriptions : ainsi le sacrifice d'Abraham avec ces mots : *Abram et Ysac ;* une rosace avec ces mots : *Sancta Maria, adjuba nos ;* la scène de Jonas vomi par le monstre marin, etc.

AVRELE. Il assista au Concile de saint Cyprien, en 255, le troisième qu'il tint sur la question du Baptême. Il donna son sentiment le quatre-vingt-unième. Le nom de son siège offre de grandes et nombreuses variantes dans les manuscrits [1].

TERTIOLVS. On voit qu'il assista, en 411, à la Conférence de Carthage où, à l'appel de son nom, il répondit qu'il était présent [2]. Il était catholique, mais toute sa ville n'était pas avec lui, car les schismatiques de Cillium avaient pour chef Donat, qui se présenta et dit : *Je le connais.* Puis, ce Donat répondit lui-même à l'appel [3] : *J'ai donné mandat et j'ai souscrit.*

Il n'était point seulement opposé à Tertiolus, mais encore à Privatien, Évêque catholique de Vegesela. Ce dernier, en effet, après qu'on eût lu sa souscription, ajouta [4] : *J'ai*

[1] Hard. 1. p. 178.
[2] Cogn. 1. 128.
[3] Ibid. 187.
[4] Ibid. 133.

pour compétiteur Donat de Cillium. Alors Donat lui-même repartit : *J'ai là des diacres, c'est une population voisine ; elle est de mon diocèse.* Mais Privatien lui demandant : *Où se réunissent-ils ?* Donat répondit : *Oui, tu nous as interdit les chapelles et les autels des martyrs, (Et loca et memorias martyrum prohibuisti.) N'ai-je point eu là le prêtre Candide ?* Privatien repartit de nouveau : *Et où offrait-il le sacrifice ?*

FORTVNATIEN. Il figure le soixante-quatrième parmi les Évêques de la Byzacène qui, en 484, appelés par l'édit du roi Hunéric à l'assemblée générale de Carthage, furent envoyés en exil avec leurs autres collègues.

D'après la notice de Léon le Sage, Cillium possédait encore un Évêque, en 883.

XXXVII. — CIRCINA.

Les anciens appelaient Circina ou Cercina une ville bien connue, située dans une île du même nom, près de la petite Syrte et faisant partie de la Byzacène. Pline en parle ainsi[1] : *Cercina, avec la ville libre du même nom, a vingt-cinq milles en longueur, la moitié dans sa plus grande largeur ; mais à l'extrémité, elle n'a pas plus de cinq milles.* C'est cette même île qui offrit un lieu de retraite à saint Fulgence dans sa vieillesse pour se préparer à la mort[2].

[1] Hist. nat. 5. 7.
[2] In vita. 29.

En réalité le groupe de Circina contient plusieurs îles, dont deux principales que Pline appelle Cercina et Cercinités, que nous appelons aujourd'hui Kerkenna Cherguia et Kerkenna Gharbia. Elles étaient reliées par un pont dont il subsiste des vestiges. La ville épiscopale se trouvait dans l'île la plus orientale.

ATHENIVS. La notice le cite le quarante-septième parmi les Évêques de la Byzacène qui, s'étant rendus, en 484, à la réunion de Carthage, convoquée par le roi Hunéric, furent ensuite condamnés par lui à l'exil avec leurs collègues.

XXXVIII. — CREPEDVLA.

La notice prouve que Crepedula, autrement Creperula, appartenait à la province Byzacène. C'était, d'ailleurs, une localité peu connue et nous n'en trouvons aucune mention dans les anciens géographes.

BARBARIEN. Il assista à la Conférence de Carthage, en 411, et après la lecture de sa souscription il rendit ainsi témoignage de son Église[1] : *Elle est uniquement catholique ;* ce que Valentinien, diacre de Primien, confirma en ajoutant : *Nous n'y avons personne*, reconnaissant ainsi qu'il n'y avait point à Crepedula d'Évêque donatiste.

FELIX. Il figure le quarantième parmi les Évêques de la

---

[1] Cogn. 1. n. 138.

province Byzacène que le roi Hunéric envoya en exil, en 484, avec leurs collègues d'Afrique, après les avoir tous convoqués à Carthage et après avoir vainement tenté d'ébranler leur constance dans la foi catholique.

SPES. Il signa la lettre du saint Concile de la Byzacène adressée, en 641, à l'empereur Constantin, fils d'Héraclius, contre les Monothélites[1].

XXXIX. — CVFRVTA.

C'est encore par la notice que nous savons que Cufruta appartenait à la Byzacène. Il n'est question de cette ville nulle part ailleurs.

FELICIEN. Il fut délégué par les Évêques de la Byzacène au Concile de Carthage de 403, comme l'indique le recueil des canons de l'Église d'Afrique[2]. Il assista, en 411, à la Conférence de Carthage, comme les actes le font voir. Il y répondit à l'appel[3]. *Je suis présent, et je n'ai point d'Évêque contre moi.* Il en avait eu un cependant, car Primien ajouta : *Celui qui y était, a été condamné par nous et par ceux-ci* (les autres Évêques donatistes), *qui l'ont reconnu coupable et ont confirmé eux-mêmes la sentence. On n'en a pas encore ordonné d'autre à sa place.*

[1] Hard. 3. p. 749.
[2] Hard. 1. p. 911.
[3] Cogn. 1. 128.

HELIODORE. Il figure le soixante-deuxième dans la liste des Évêques de la Byzacène mentionnés par la notice avec les autres Évêques d'Afrique qui, convoqués tous à Carthage, en 484, par le roi Hunéric, furent ensuite condamnés à l'exil.

XL. — CVLVLI.

C'est une ville distincte de Cillium et de Achulla, distincte aussi de Chullu, ville de la Numidie. La notice place Cululi dans la province Byzacène. Procope la cite après Thelepte comme une place frontière que l'empereur Justinien fit fortifier contre les Maures [1]. D'aucuns pensent que Cululi est représentée par les ruines d'Aïn Djeloula, où, par hypothèse, nous reconnaissons les Aquæ Regiæ.

Un monument de Rome, relatif à Q. Aradius, qui fut gouverneur de la Byzacène au commencement du quatrième siècle, parle d'un contrat passé entre ce personnage et le municipe de Chluli, autrement Civiuli. La variante que l'on remarque dans ce texte gravé dans un pays étranger, nous autorise à supposer qu'il s'agit de notre cité épiscopale. Voici, du reste, le texte [2] :

POPVLONII
D.D.N.N.CRISPO.ET CONSTANTINO.IVNIORI
NOBILISSIMIS.CAESS.COSS.IIII.KAL.SEPT
MVNICIPES.MVNICIPII.AEL.HADRIANI.AVG.CHLV
LITANI Q.ARADIVM.RVFINVM.VALERIVM.PROCVLVM

[1] De ædif. 6. 6.
[2] Corpus. vi. n. 1684.

```
 V . C . LIBEROS . POSTEROSQVE . EIVS . SIBI . LIBERIS .
                         POSTE
 RISQVE . SVIS . PATRONOS . COOPTAVERVNT . TESSERAM
      QVE . HOSPITALEM . CVM . EO . FECERVNT
 Q. ARADIVS . RVFINVS . VALERIVS . PROCVLVS . LIBERI .
 POSTERIQVE . EIVS . MVNICIPES . MVNICIPII . AELI . HA
 DRIANI . AVG . CIVIVLITANI . LIBEROS . POSTEROSQ . EORVM
 IN FIDEM CLIENTELAMQ . SVAM . RECEPERVNT . INQVAM
      REM . GRATVITAM . LEGATIONEM . SVSCEPERVNT
 INSTEIVS . RENATVS . ET . APOLLONIVS . GALLENTIVS
 DVOVIRI . T . AELIVS . NIGOGINVS . ET . AELIVS . FAVSTI
 NVS , AEDILES . L . AELIVS . OPTATIANVS . CAMMARIA
 NVS . FLAVIVS . SECVNDINVS . DOMITIVS . OPTATIANVS
 AEMILIVS . NEMGONIVS . AEMILIVS . TITRACIVS . STA
 TILIVS . SECVNDIANVS . FL . PP . ET . VNIVERSVS . ORD . D.
```

Le municipe devait donc son nom et son importance à l'empereur Hadrien. Nous savons que celui-ci vint à Lambèse et qu'il dut passer de là à Théveste et sur les limites de la Byzacène pour se rendre à Carthage.

CONCORDIVS. Il figure le cinquante-sixième sur la liste des Évêques de la Byzacène, réunis à Carthage, en 484, par Hunéric, qui les exila avec les autres Évêques.

La notice de Léon le Sage dit qu'en 883, Cuculis, pour Cululis avait encore un Évêque.

XLI. — CVSTRA.

Nous savons, par la notice de 482, que Custra se trouvait dans la Byzacène, mais les anciens auteurs n'en parlent point. On pourrait croire que Custra est une mauvaise leçon et qu'il faut lire Castra. On ne saurait douter, d'autre part, qu'il n'y ait eu, aux cinquième et sixième siècles surtout, des Castra dans la Byzacène, en vue de contenir les Maures. Nous connaissons un saint Évêque d'Afrique, exilé par les Vandales et honoré à Vulturno en Italie sous le nom de Castrensis, qui est peut-être le nom de son siège épiscopal.

Mais aussi Custra peut être une faute de copiste dans l'unique manuscrit de la notice pour Cusira, autrement Chusira. Or, il y a précisément dans la Byzacène, une ville antique aujourd'hui ruinée, connue sous le nom de Kissera et qui s'appelait jadis Chusira, ainsi que le montre l'inscription suivante [1] :

```
         IMP . VESPASIANI
       CAE . AVG . P . M . TRIB
            P . COS . II . I
        SATVRNINVS M ISACHONIS
      F . FLAMEN . PERPETVVS . FACTVS
     EX . CONSESV . VNIVERSAE . CIVITA
        TIS . CHVSIRENSIVM . ARAM
              S . P . F
```

La ville de Chusira était bâtie sur un rocher escarpé et d'accès très difficile ; elle était, de plus, couronnée par une forteresse byzantine, dans laquelle on a trouvé les fragments d'une inscription gréco-latine, relative au patrice Salomon et à l'empereur Justinien [2]. Plusieurs documents chrétiens sont sortis des ruines de Chusira. Ainsi, un arc de ciborium portait l'acclamation : *Gloria in excelsis Deo et in terra pax hominibus bonæ voluntatis* [3]. Un

---

[1] Corpus. n. 698.
[2] Ibid. n. 700.
[3] Ibid. 706.

débris d'inscription porte ce qui suit[1] : *domina carissima Christo, lumine justitiæ decorata*. Une épitaphe chrétienne dit[2] :

    † AVSANI
    VS FIDELIS
    VIXIT IN PA
   CE ANNIS LXXII ⳨

FELIX. Nous trouvons son nom le quinzième sur la liste des Evêques de la Byzacène que le roi Hunéric, en 484, convoqua à Carthage et condamna ensuite à l'exil.

XLII. — DECORIANA.

La ville de Decoriana était dans la Byzacène, comme le prouvent clairement la notice et le Concile de Latran. Mais les géographes n'en disent rien.

LEONCE. Il est nommé le douzième parmi les Évêques de la Byzacène qui se rendirent, en 484, à Carthage où Hunéric avait, par un édit, convoqué tous les Évêques d'Afrique, et ils furent exilés avec les autres à cause de leur foi catholique.

PASCASE. Il signa la lettre adressée, en 641, par tous les

---

[1] Eph. v. n. 1187.
[2] Corpus. 707.

Évêques du Concile de la Byzacène à l'empereur Constantin, fils d'Héraclius, pour le porter à réprimer les Monothélites.

XLIII. — DICES.

On ne sait rien de la ville de Dices, si ce n'est qu'elle appartenait à la Byzacène et qu'il y avait dans la même province une autre ville du nom de Tices, puisque les Évêques de ces deux villes se trouvèrent ensemble à un même Concile.

Cependant on a trouvé à Heuchir Salah ou Sadik, à dix kilomètres au sud-ouest de Bir Kharet, à gauche de la route de Kairoan à Hammamet, une inscription qui peut avoir contenu le nom de Dices. On y lit :

pro salutE IMPERATORVM . CAESARVM . AVG . M .
AVRELLI . ANTONINI .
arMENIACI . LIB . QVE . EIVS . L . AVRELLI . VERI .
ARMENIACI . PLEBS . FVNDI
dicITANI . MACERIAM . DOM . CERER . S . P . F .
IDEM . Q . D . D . MAG . P . STATILIO .
SILVANO . QVI . ET . MA

Nous savons, par les actes de la Conférence de Carthage, que de simples bourgades ont eu des Évêques.

MAXIMIN. Il assista, en 411, à la Conférence, parmi les Donatistes et à l'appel de son nom il dit[1] : *J'ai donné*

[1] Cogn. 1. 197.

mandat et j'ai souscrit, sans faire mention d'un compétiteur catholique.

CANDIDE. Il signa, un des premiers, la lettre du Concile de la Byzacène, qui, en 641, fut adressée à l'empereur Constantin, fils d'Héraclius, contre les erreurs des Monothélites. Sa souscription est conçue comme il suit[1] : *Candide, par la grâce de Dieu, Évêque de la sainte Eglise de Dices ma patrie, comme ci-dessus.*

XLIV. — DIONYSIANA.

Dionysiana était une ville de la Byzacène, chrétienne dès les temps les plus reculés ; mais les anciens géographes ne nous ont laissé sur elle aucun détail. Seul, le Stadiasme nomme un promontoire de Denys entre Leptiminus et Hadrumète. Il y avait là, dit M. Guérin, un sanctuaire de Dionysos.

En 482, quand fut dressée la notice, la ville de Dionysiana était veuve et n'avait point de pasteur.

POMPONE. Il occupe le quarante-huitième rang parmi les Pères du Concile de Carthage de 255, le troisième que saint Cyprien tint sur la question du Baptême[2]. Dans certains exemplaires, il est appelé *confesseur,* comme quelques-uns des Évêques qui siégèrent dans ce Concile, de même

---

[1] Hard. 3. p. 739.
[2] Hard. 1. p. 171

que d'autres sont appelés *martyrs*. Il convient de remarquer que saint Augustin, qui a réfuté tout ce Concile et les opinions de chacun des Évêques[1] dont il rapporte les noms et les paroles, ne leur donne aucun de ces titres. Mais, d'autre part, le martyrologe hiéronymien semble mentionner Pomponius dans une liste africaine du dix-huit décembre.

Le martyrologe Romain offre la même liste et dit qu'elle est relative à des martyrs qui ont souffert dans la persécution de Dèce et de Valérien.

On croit que Pomponius est le même qui consulta saint Cyprien au sujet des vierges et qui en reçut la remarquable lettre qui est la soixante-deuxième.

FORTVNAT. Il souscrivit la lettre du Concile de Cabarsussi tenu, en 393, par les Maximianistes contre Primien[2].

VICTOR. Il se rendit à Carthage, en 411, pour assister à la Conférence parmi les Donatistes ; mais atteint de maladie, il était absent lorsqu'on fit l'appel de son nom[3]. Primien l'excusa donc en disant : *Il est malade*. Il n'est, du reste, fait aucune mention d'un Évêque catholique de Dionysiana.

[1] De bapt. cont. Donat. 5.
[2] Aug. serm. 2. in. ps. 36. n. 20.
[3] Cogn. 1. 198.

XLV. — DRVA.

Hardouin place Drua ou Druas dans la Byzacène, mais nous ignorons sur quelle autorité il s'appuie. Il regarde comme certain que ce n'était qu'un bourg obscur, et parce qu'on n'en trouve aucune trace chez les géographes et parce que Drua n'eut qu'un Évêque donatiste, comme les partisans de ce schisme funeste en établirent un grand nombre dans les campagnes, au temps de leur puissance, afin d'augmenter leur faction.

Au sud de Théveste, sur les confins de la Byzacène et de la Numidie, est un district portant le nom de *Driés* avec un groupe de ruines appelé de même, où l'on remarque les restes d'une forteresse byzantine de l'époque Justinienne[1].

ANTONIEN. Il siégea parmi les Donatistes à la Conférence de Carthage, en 411, et répondit à l'appel en ces termes[2] : *J'ai donné mandat et j'ai souscrit,* sans rien ajouter d'un adversaire catholique.

XLVI. — DVRA.

Les Africains donnaient le nom de Dir, au pluriel Dirin, à l'Atlas, et c'est le nom qu'il porte encore dans la langue Berbère. Nous en avons déjà parlé à l'article d'Abara-

[1] Corpus. n. 2095.
[2] Cogn. 1. 197

dira. Mais y a-t-il relation entre Dira et Dura ? Cette ville se trouvait dans la Byzacène, comme le porte la notice, et elle est peut-être la même que Drua, dont nous venons de parler, à moins que ce ne soit une mauvaise lecture pour Turres. Dans les environs de Capsa se trouve le Djebel Dour qui possède des ruines romaines.

QVODVVLTDEVS. Il est nommé le soixante-unième parmi les Évêques de la Byzacène qui, en 484, se rendirent à la réunion générale de Carthage et furent, avec les autres Évêques, envoyés en exil par ordre du roi Hunéric à cause de leur foi catholique. Quodvultdeus fut du nombre de ceux qui moururent dans cet exil pour la vérité, ce que prouve la note *probatus* ajoutée à son nom vers l'an 490.

XLVII. — EDISTIANA.

Hardouin place Edistiana dans la Numidie, mais il faudrait la mettre dans la Byzacène, si on adopte la leçon Faustiana pour Edistiana. Car un contrat passé en 320 entre la cité de Faustiana et Q. Aradius, gouverneur de la Byzacène, fait supposer que cette ville se trouvait dans la même province. L'inscription a été trouvée à Rome avec d'autres relatives au même personnage et aux cités d'Hadrumète, Mididi, Cululi et Zama, qui appartiennent également à la Byzacène. Voici cette inscription [1] :

[1] Corpus. VI. n. 1688.

FELICITER
DD . NN . CRISPO . ET . CONSTAN
TINO . NOBB . CAESS . IT . COSS .
X . KAL . MAI
QVOD . Q . ARADIVM . VAL . PROCVLVM
C . V . PRAESIDEM . PROV . VAL . BYZAC
FAVSTIANENSES . PATRONVM . COOP
TAVERVNT . CVM . LIBERIS . POSTERISQVE
SVIS . TESSERAM . HOSPITALEM
CVM . EO . FECERVNT . VTI . SE . IN . FIDEM
ATQVE . CLIENTELAM . VEL . SVAM
VEL . POSTERORVM . SVORVM
RECIPERET . ATQUE . ITA . IN . HAC
RE . SPLENDIDISSIMVS . ORDO
EIVSDEM . CIVITATIS . FAVSTI
ANENSIS . LEGATIONEM . PRO
SECVTVS EST

Il y avait à Henchir Fortunat, entre Althiburus et Ammædara, le *saltus* de Junius Faustinus Postumianus[1], qui est peut-être le personnage dont parle l'auteur de la vie de saint Fulgence. Plus d'un saltus, nous le savons, donna naissance à une ville dotée plus tard d'un siège épiscopal.

MIGGIN. Il assistait à la Conférence de Carthage de l'an 411, où à l'appel de son nom il s'avança et dit[2] : *J'ai donné mandat et j'ai souscrit,* bien entendu, avec les Donatistes, de la secte desquels il était.

[1] Corpus. n. 597.
[2] Cogn. 1. 198.

XLVIII. — EGNATIA.

La notice nous apprend que cette ville se trouvait dans la Byzacène. Cependant Morcelli l'a omise. C'était, sans doute, à l'origine, un *latifundium* des *Egnatii*. On sait que l'empereur Gallien portait le nom d'Egnatius et que Gallus avait été proclamé Empereur dans l'île de Girba. Il est assez remarquable, du reste, que le nom d'Egnatius ne se retrouve que sur les monuments de Girba et de la Byzacène [1].

FASTIDIEVX. Il est le trentième sur la liste des Évêques inscrits dans la notice de 482 et que le roi Hunéric appela à Carthage, en 484, pour les envoyer de là en exil.

XLIX. — FEBIANA.

La notice de 482 assigne Febiana, autrement Rebiana, à la province Byzacène, mais les anciens auteurs sont muets à son égard. Ce pourrait être la même ville que Vibiana.

SVCCENSIEN. Il figure le soixante-neuvième parmi les Évêques de la province Byzacène qu'un édit du roi Hu-

---

[1] Corpus. n. 10506.

néric condamna à l'exil, ainsi que tous les autres Évêques, mandés par lui à Carthage, en 484.

SALLVSTE. Il signa la lettre du Concile de la Byzacène, adressée, en 641, à l'empereur Constantin, fils d'Héraclius, contre les Monothélites [1].

L. — FERADI-LA-GRANDE.

Dans la province Byzacène se trouvait, d'après la notice, la ville de Feradi-Majus, ou la Grande, pour la distinguer d'une autre du même nom, comme cela s'est souvent fait en Afrique pour d'autres villes.

VINCENTIEN. Il assista, en 411, parmi les catholiques, à la Conférence de Carthage où il répondit à l'appel de son nom [2] : *Je suis présent, j'ai l'unité.*

AVRELE. La notice le mentionne le trente-neuvième parmi les Évêques de la province Byzacène qui, convoqués par le roi Hunéric, en l'année 484, se réunirent à Carthage avec tous les autres Évêques d'Afrique et furent envoyés en exil par un édit du même roi.

[1] Hard. 3. p. 740.
[2] Cogn. 1. 126.

LI. — FERADI-LA-PETITE.

On ne peut guère douter que Feradi-Minus, ou la Petite, ne se trouvât aussi dans la province Byzacène, où Feradi-la-Grande était située. Il y avait pourtant plusieurs villes du même nom dans des provinces différentes, mais ces villes existaient probablement avant la séparation des provinces, alors que toutes ensemble elles formaient l'Afrique propre. Feradi-Minus pourrait fort bien être la même ville que Peradamia, de même que Bullama est pour Bulla Major ou Minor, et Bullaria pour Bulla Regia.

FELICIEN. Sa souscription fut lue dans la Conférence de Carthage de 411 et il rendit ainsi témoignage de son Église [1] : *Elle est catholique*. Et Valentinien, diacre de Primien, ajouta : *Nous n'y avons personne*.

LII. — FILACA.

Les géographes anciens ne nous disent rien au sujet de la ville de Filaca. La notice seule nous aide ici et nous apprend qu'elle était dans la province Byzacène.

BONIFACE. La notice de 482 le cite le soixante-dix-neuvième sur la liste des Évêques de la province Byzacène

---

[1] Cogn. 1. 133.

qui, en 484, se trouvant à Carthage avec les autres Évêques que le roi Hunéric y avait convoqués de toutes parts, furent tous en même temps condamnés à l'exil.

LIII. — FISSANA.

Fissana devrait être comptée parmi les villes de Numidie, s'il fallait en croire Hardouin, qui semble s'appuyer sur ce que les Évêques de Fissana étaient tous donatistes et sans compétiteurs, ce qui était très fréquent dans cette province, centre principal de la puissance des schismatiques.

La Table, il est vrai, met des Nobas Fusciani du côté de Milève, tandis que l'anonyme de Ravenne signale des Piscinas et des Fuscinas dans les environs de Gadiaufala. Il y avait encore des Piscinas auprès de Vescera, selon la même table de Peutinger. Or, toutes ces localités se trouvaient en Numidie et leur nom offre quelque trait de ressemblance avec celui de Fissana qui présente dans les manuscrits de nombreuses variantes.

D'autre part, nous savons que la plupart des Évêques Maximianistes de Cabarsussi appartenaient à la Proconsulaire et à la Byzacène. La notice de Léon le Sage dit qu'en 883, Pezana, ville de Byzacène, avait encore un Évêque. Enfin, il y a, entre Théveste et Cillium, une plaine couverte de ruines romaines et portant jusqu'aujourd'hui le nom de Fussana.

DONAT. Il était de la faction des Maximianistes et assista, en 393, au Concile de Cabarsussi où Primien de Carthage fut condamné [1].

TVRRASIVS. Il assista, en 411, parmi les Donatistes, à la Conférence de Carthage où, à l'appel de son nom, il répondit [2] : *J'ai donné mandat et j'ai souscrit.*

LIV. — FORATIANA.

Foratiana, autrement Fortiana, Foroniana et Ferontoniana, sans compter les autres variantes, était une ville de la province Byzacène, dont les géographes ne parlent point, à moins que ce nom ait été altéré par les copistes, ce qui est possible et même probable.

BONIFACE. Il se trouva, en 484, à Carthage, où le roi Hunéric avait convoqué une assemblée générale de tous les Évêques. Il est nommé le troisième des quatre Évêques qui présentèrent au roi Hunéric *la profession de foi des Évêques catholiques* [3]. Dans la notice de 482, il figure le soixante-sixième, parmi les Évêques exilés de la Byzacène, et il est appelé de Ferontoniana, ce qui permet de supposer qu'il est le même que Boniface de Frontoniana ou Frotoniana porté le soixante et onzième sur la même

---

[1] Aug. serm. 2. in ps. 36. n. 20.
[2] Cogn. 1. 202.
[3] Pers. Vaud. 3. 23.

liste. Ce double emploi ne peut nous surprendre, puisque nous le constatons à propos des Évêques de Mactaris et d'Aquæ Albæ, dans la même province Byzacène. Peut-être aussi y a-t-il double emploi dans la profession de foi. Si l'on n'admet pas ce double emploi, il faut reconnaître quatre villes distinctes, appelées Foratiana, Gratiana, Frontoniana et Forontoniana, dont trois sont énumérées dans la notice de 482, tandis que la profession de foi porte la signature de Boniface de Foratiana et de Boniface de Gratiana.

LV. — FRONTONIANA.

Frontoniana devait peut-être son nom à quelque personnage appelé Frontonius. Ce nom apparaît plus d'une fois sur les monuments de la Byzacène. A Ammædara, une épitaphe métrique débute comme il suit [1] :

> Hic situs est Varius cognomine Frontonianus,
> Quem conjunx lepida posuit Cornelia Galla.

Une autre épitaphe de Capsa mentionne [2] : Frontonius Fortis Abininus flamen perpetuus.

Un Frontonius, personnage d'ordre sénatorial, est fréquemment nommé dans les inscriptions de Lambèse.

Morcelli veut que le nom de Forontoniana, variante que

---

[1] Corpus. 434.
[2] Cagnat. Expl. 3ᵉ fasc. n. 111.

donnent les manuscrits, vienne de Forum Antonianum.

Corippe, dans la Johannide [1], signale dans la Byzacène des Castra Antonia :

> Byzacii carpebat iter, quo Antonia Castra
> Nomine dictus avis locus est.

Ce camp était situé dans une vaste campagne et il avait pu recevoir son nom de Marc Antoine ou d'Antonius Gordien.

Ajoutons, pour ne rien omettre, dans une question aussi obscure, que la table de Peutinger indique une ville appelée *Terentum* entre Aquæ Regiæ et Aeliæ. Terentum, autrement Terento, se trouvait à seize milles d'Aquæ et à dix milles d'Aeliæ. Elle répond aux grandes ruines de Médina.

FELIX. Il figure le soixante-huitième parmi les Évêques de la province Byzacène qui, appelés par un édit du roi Hunéric à Carthage, en 484, furent condamnés à l'exil avec toute cette réunion d'Évêques.

LVI. — GAGVAR.

Gaguar, autrement Gauvar et Gaunar, est une ville inconnue. Nous savons cependant, par la notice de 482, qu'elle appartenait à la province Byzacène.

---

[1] Lib. d. v. 460

ROGAT. Il assista, en 411, à la Conférence de Carthage où, à l'appel de son nom, il répondit [1] : *Je suis présent*. Puis, au sujet de son église, il ajouta : *Elle a l'unité*. Lui-même, en effet, était l'auteur de cette unité, car il avait abandonné le camp des Donatistes pour se réunir à l'Église catholique. Adéodat de Milève, un des sept mandataires des Donatistes, le constata en ces termes : *Cet évêque a été des nôtres, mais il nous a quittés.*

VICTOR. Il figure le centième parmi les Évêques de la province de Byzacène qui se rendirent à la réunion générale de Carthage, en 484, et furent envoyés en exil avec tous leurs collègues par le roi Hunéric.

LVII. — GARRIANA.

Les fastes de l'Église d'Afrique attribuent Garriana à la province Byzacène. Nous n'en savons pas autre chose. Car la ville que Ptolémée appelle Garra est mise par cet auteur dans la Maurétanie césarienne. La carte de la Tunisie méridionale signale un henchir Garra, non loin de Thélepte.

SECONDIN. Nous le trouvons porté le vingt-deuxième sur la liste des Évêques de la province Byzacène qui, pour se conformer à l'édit du roi Hunéric, se rendirent à Carthage

---

[1] Cogn. 1. 128.

en 484. Là, avec toute cette réunion d'Évêques, ils acceptèrent courageusement, par amour de la vérité catholique, la peine de l'exil prononcée contre eux. Une note ajoutée à son nom fait connaître que Secondin mourut pour la confession de sa foi dans cet exil.

LVIII. — GERMANICIANA.

Germaniciana appartenait à la province Byzacène. L'Itinéraire d'Antonin la mentionne après les Aquæ Regiæ, à vingt-quatre milles de cette ville et à seize milles d'Aeliæ, sur la voie de Thysdrus à Théveste, dans l'intérieur des terres. C'est apparemment à Ksar Melloul qu'il faut la chercher. Le diacre Jean, dans la vie de saint Grégoire le Grand, parle du patrimoine de Germaniciana, c'est-à-dire des biens que possédait l'Église de Rome à Germaniciana [1] et dont le gérant, nommé Hilaire, est souvent cité dans les lettres de saint Grégoire [2]. Mais il convient de remarquer qu'il y avait une localité du même nom dans la région d'Hippone et que celle-ci serait plutôt le patrimoine en question, puisque le gérant du Saint-Siège fut chargé plusieurs fois de régler, au nom du Souverain Pontife, les affaires des Évêques de Numidie.

D'autre part, nous savons qu'il y avait dans la Proconsulaire une ville épiscopale appelée Abbir de Germanicus.

---

[1] Lib. 2. 53.
[2] Lib. 1. Ep. 75. 76. etc.

Cette dernière se trouvait-elle aux limites de la Proconsulaire et de la Byzacène ? Encore serait-elle éloignée de notre ville de Byzacène.

Ces villes devaient-elles leur nom à Germanicus ? Du moins elles remontent à une haute antiquité.

IAMBVS. Il assista au troisième Concile de Carthage tenu par saint Cyprien, en 255, sur la question du Baptême. Il y fit connaître son sentiment le quarante-deuxième. On lui donna le titre de Confesseur [1].

LIX. — GRATIANA.

Gratiana, autrement Gattiana, si celle-ci n'est pas une ville distincte, était une ville de la Byzacène. Elle n'est pas, du reste, connue des géographes.

VICTOR de Gatiana, pour Garriana peut-être, était de la secte des Donatistes et il assista parmi eux à la Conférence de Carthage, en 411. A l'appel de son nom, il dit [2] : *J'ai donné mandat et j'ai souscrit*. Il ne fut fait alors aucune mention d'un Évêque catholique de Gatiana.

BONIFACE. Il est nommé le dernier des quatre Évêques qui, en 484, présentèrent au roi Hunéric l'écrit contenant

[1] Hard. 1.
[2] Cogn. 1. 198.

la profession de foi des catholiques. Son nom ne se trouve pas cependant parmi les exilés mentionnés dans la notice de 482, soit que ce nom ait disparu par la négligence des copistes, soit qu'il ait été omis parce que Boniface aurait pourvu à sa sûreté par la fuite, soit plutôt parce qu'il aura été altéré. Alors c'est lui que nous devrions reconnaître ou dans Boniface de Foratiana ou dans Boniface de Frontoniana pour lequel nous avons invoqué plus haut un double emploi. Il y a bien peu de différence entre Foratiana et Gratiana. Toujours est-il que longtemps après cet exil, Boniface de Gratiana vivait encore dans son église et qu'il était primat de sa province. Nous l'apprenons par la pièce que l'abbé Pierre présenta à Boniface, Évêque de Carthage, au Concile de 525, et dans laquelle nous lisons ce qui suit au sujet de l'autre Boniface dont nous parlons ici [1] : *Pendant l'absence de l'Évêque de Carthage, nous avons prié le vénérable évêque de Gratiana, Boniface, le saint évêque, notre voisin, Primat de la province Byzacène, de nous ordonner des prêtres pour célébrer les divins mystères, jusqu'à ce que Dieu daignât donner un chef à cette sainte Eglise de Carthage : ce qui s'est fait, à la condition toutefois qu'à la mort du Primat, son successeur n'aurait aucune autorité sur nous, comme c'est l'usage pour ceux qui sont soumis à une juridiction.*

Selon Cassiodore, l'abbé Pierre vivait en Tripolitaine [2]. Dès lors Gratiana devait se trouver sur les confins méridionaux de la Byzacène.

---

[1] Hard. 2. p. 1084.
[2] An. 561.

IANVIER de Gattiana signa la lettre du Concile de la Byzacène, adressée, en 641, à l'empereur Constantin, fils d'Héraclius, contre les Monothélites. Son nom s'y trouve inscrit le sixième [1].

LX. — GVMMI.

La notice prouve que la Byzacène avait, comme la Proconsulaire, une ville appelée Gummi. Elle n'est cependant pas connue des géographes. Un monument d'Hammam Soukra, à l'ouest de Mactaris, sur les confins de la Byzacène et de la Proconsulaire, fait mention d'une ville nommée Gimma [2], dont on ignore la position. Nous en avons parlé à l'occasion de Tigimma, attribuée à la Proconsulaire. Il y avait aussi, au centre de la Byzacène, une ville dont les ruines portent le nom de Cilma, qui ne paraît guère avoir de rapport avec Gummi. Celle-ci peut être l'Augemmi de la Table, aujourd'hui El Koutin.

JEAN de Gummi se rendit à Carthage pour la Conférence de 411, mais un peu en retard, alors que déjà les autres Évêques catholiques avaient signé le mandat. C'est pourquoi, à l'appel de son nom parmi les derniers, il dit [3] : *Je donne mandat et j'approuve.*

---

[1] Hard. 3. p. 739.
[2] Tissot. géog. 2. p. 626.
[3] Cogn. 1. 215.

MAXIME de Gummi figure le quatre-vingt-neuvième sur la liste des Évêques de la province Byzacène qui, convoqués à Carthage, en 484, par le roi Hunéric, furent ensuite envoyés en exil avec tous leurs autres collègues.

ÉTIENNE. Il signa la lettre adressée, en 641, par les Pères du Concile de la Byzacène à l'empereur Constantin, fils d'Héraclius, contre les nouveautés des Monothélites. Mais il y est appelé *Évêque de la sainte Église de la cité de Gumma*.

LXI. — GVRZA.

Gurza, autrement Gurges et Gurgaï, était, comme nous l'apprend la notice, une ville de la province Byzacène. C'était celle qui, dans des inscriptions antiques publiées par le savant Marini, est appelée Pagus Gurzensis et civitas Gurzensis. Nous ferons remarquer, en effet, comme nous l'avons fait déjà, que les Carthaginois et les Romains changèrent certaines lettres des noms lybiens ou berbères selon le génie de leur langue particulière. Les Africains ont fait de même pour les noms étrangers à leur langue et les modernes Algériens font de même pour les noms européens, tandis que les Français n'agissent pas autrement pour les noms arabes. Les inscriptions dont nous venons de parler sont conservées au musée de Cortone en Italie. L'une d'elles porte[1] :

---

[1] Corpus. 69.

<pre>
            ALICINIO NERVA SILIANO COS   a. 65
            CIVITAS GVRZENSIS EX AFRICA
            HOSPITIVM FECIT CVM Q AVFVS
            TIO CF . GAL . MACRINO . PRAEF .
            FABR . EVMQVE . LIBEROS . POSTE
            ROSQVE EIVS . SIBI . LIBERIS
            POSTERISQVE . SVIS PATRO
                NVM . COOPTAVERVNT .
            C . AVFVSTIVS . C . F . GAL . MACRI
            NVS . PRAEF . FABR . GVRZENSIC   (sic)
            EX . AFRICA . IPSOS . LIBEROS . POS
            TEROSQVE EORVM . IN FIDEM
            CLIENTELAMQVE . SVAM SVO
                RVMQVE RECEPIT .
                EGERVNT . LEGATI
            HERENNIVS MAXIMVS RVSTICIF.
            SEMPRONIVS QVARTVS IAFIS
</pre>

D'après un second texte, Gurza n'avait, l'an 12 avant notre ère, que l'importance d'un pagus[1] :

<pre>
         P . SVLPICIO . QVIRINIO . C . VALGIO . COS .
    SENATVS . POPVLVSQVE . CIVITATIVM . STIPENDIARIORVM
    PAGO GVRZENSES HOSPITIVM FECERVNT QVOM L DOMITIO(sic)
         CN . F . L . N . AHENOBARBO . PROCOS . EVMQVE ET
                            POSTEREIS
         EIVS . SIBI . POSTERISQVE . SVEIS . PATRONVM .
                           COPTAVERVNT
         ISQVE . EOS . POSTEROSQVE . EORVM . IN FIDEM .
                           CLIENTELAM
                       QVE SVAM . RECEPIT
    FACIVNDVM . COERAVERVNT . AMMICAR . MILCHATONIS . F
    CYNASYN . BONCAR AZZRVBALIS . F . AETHO GVRSENSIS
      MVTHVNBAL . SAPHONIS . F . CVI . NAS . VZITENSIS
</pre>

Observons que la table de Peutinger annonce une ville nommée Gurra, sur la voie de Carthage à Hadrumète et à sept milles seulement de cette dernière. L'anonyme de

---

[1] Corpus. 68.

Ravenne nomme Gruza entre Thysdrus et Aelias. Est-ce la Gorza de Polybe et la Tourzo de Ptolémée ?

Il résulterait de toutes ces indications que Gurza est représentée par le bourg arabe de Kala Kebira, la grande forteresse, bâtie sur les ruines d'une ville antique, dans la région de Sousse.

FELIX de Gurza, autrement de Gurgites, assista, en 255, au Concile de saint Cyprien, le troisième de ceux qu'il tint à Carthage sur la question du Baptême. Il y fit connaître son sentiment le soixante-quatorzième [1].

PRIMIEN de Gurgaïta. La notice le nomme le soixante-dix-huitième parmi les Évêques de la province Byzacène, que le roi Hunéric condamna à l'exil, en 484, avec tous leurs collègues de la réunion de Carthage.

LXII. — HERMIANA.

Hermiana était dans la Byzacène et ce doit être la ville que Procope appelle Hermione [2]. Du reste, les géographes n'en parlent point et elle n'est connue que grâce à Facundus, auteur des douze livres à l'empereur Justinien pour la défense des trois Chapitres, que Sirmond a publiés le premier.

[1] Hard. 1.
[2] Bell. Vand. 1.

Un groupe de ruines et tout un district situés entre Capsa et le grand Chott portent le nom de Hammiane.

SECONDIEN. Il assista, en 411, parmi les Évêques catholiques, à la Conférence de Carthage. Après la lecture de sa souscription, il ajouta [1] : *J'ai contre moi l'Évêque Maximien.* Celui-ci s'étant avancé, dit : *Je le connais.* Puis, appelé à son tour, il répondit [2] : *J'ai donné mandat et j'ai souscrit.* C'est le même qui avait signé la lettre du Concile de Cabarsussi, réuni, en 393, par les Maximianistes, pour condamner Primien, Évêque donatiste de Carthage [3]. Il est dit Évêque d'Erummina pour Ermiana.

DONAT. Il est le trente-deuxième sur la liste des Évêques de la Byzacène qui se rendirent, en 484, à Carthage pour la réunion ordonnée par le roi Hunéric et ensuite furent condamnés à l'exil avec les autres Évêques.

FACUNDUS. Il assista, à Constantinople, avec le pape Vigile, qui s'y rendit en 547, à de nombreuses discussions sur les trois Chapitres. C'est là, comme il le dit lui-même dans sa préface, qu'il écrivit son ouvrage. Il affirme cependant que ce fut plus tard qu'il le revit pour y mettre la dernière main.

On a de lui un livre contre le scholastique Mutianus et une lettre *de la foi catholique pour la défense des trois Chapitres.* On voit, dans ses écrits, qu'il fut condamné à l'exil par Justinien auquel il était très hostile [4].

---

[1] Cogn. 1. 133.
[2] Ibid. 187.
[3] Aug. serm. 2. in ps. 36. n. 20.
[4] Sub initio.

BENENATVS, par abréviation Benadus. Il souscrivit à la lettre du Concile de la Byzacène adressée, en 641, à Constantin, fils d'Héraclius, contre les Monothélites[1], et dont une copie fut, par ordre du pape Martin, produite au Concile de Latran.

LXIII. — HIERPINIANA.

Hierpiniana, autrement Irpiniana et Irpiana, se trouvait dans la Byzacène, comme l'atteste la notice ; mais c'est une ville inconnue et dont le nom a peut-être subi des altérations sous la plume des copistes.

BARBARE. Il se rendit à Carthage, en 411, pour assister à la Conférence avec les Évêques catholiques. Après la lecture de sa souscription il dit[2] : *Je n'ai aucun compétiteur.* A quoi le diacre Valentinien répliqua : *Mœcopius y portait le titre d'Évêque, mais il est mort.* Les donatistes avaient un désir extrême de montrer que leur nombre était très considérable, aussi mentionnaient-ils leurs morts avec une sorte de complaisance.

FÉLIX. Il est le cinquante-troisième sur la liste des Évêques de la Byzacène que, en 484, le roi Hunéric, après leur réunion à Carthage, exila comme tous les autres.

[1] Hard. 3. p. 742.
[2] Cogn. 1. 133.

LXIV. — HIRENA.

Hirena, autrement Hirina et Ira, était dans la Byzacène, mais on ne rencontre, dans les géographes, aucun indice de cette ville. Nous trouvons un Kasr el Hira sur la montagne du même nom, à trente-trois kilomètres de Tacapæ sur la voie de Capsa.

TERTVLLIEN. Il figure parmi les Évêques catholiques qui, en l'an 411, vinrent en retard à la Conférence de Carthage et après que les autres avaient souscrit le mandat. C'est pourquoi, se présentant vers la fin de la première session, il dit [1] : *Je donne mandat et j'approuve.*

SATVRE. La notice le place le quatre-vingt-quatorzième sur la liste des Évêques de la Byzacène qui, en 484, se rendirent à Carthage et furent exilés, avec les autres Évêques, par ordre du roi Hunéric.

THÉODORE. Il souscrivit la lettre que le Concile de la Byzacène adressa, en 641, à l'empereur Constantin, fils d'Héraclius, contre les erreurs des Monothélites, lettre qui est reproduite dans les actes du Concile de Latran [2].

Hirena ou Hirona aurait eu plus tard des Évêques purement titulaires. Voici ceux dont les noms sont connus :

Joseph Isidore Persico, 20 mars 1726 ;

---

[1] Cog. 1. 215.
[2] Hard. 3. p. 740.

Alexandre Horain, 24 septembre 1731 ;

Adalbert Bosca Rodoszewski, 23 avril 1787 ;

Jean Auguste Paredis, vicaire apostolique de Limberg en Hollande, 20 novembre 1840 ;

Benoît Valeri d'Assirio, 21 septembre 1880 ;

Raphaël di Nonno, 9 août 1883.

LXV. — HONORICOPOLIS.

Honoricopolis, autrement Unuricopolis, était une ville de la Byzacène, que nous croyons être la même que Hadrumète, métropole de cette province. C'est le roi Vandale Hunéric, autrement dit Honoric et Hunuric, qui aurait imposé son nom à la capitale de la Byzacène, ou bien celle-ci aurait adopté le nom du prince. Nous savons, en effet, que les rois Vandales s'étaient réservé la Byzacène, tandis qu'ils avaient livré la Proconsulaire à leur armée. Ce qui nous confirme dans ce sentiment, c'est que Honoricopolis n'a d'Évêques qu'en 484 et en 525, c'est-à-dire pendant la période Vandale, et que, à ces deux époques, Hadrumète n'est pas mentionnée.

Sans doute, Honorius, fils de l'empereur Théodose, s'occupa beaucoup de l'Afrique au commencement du cinquième siècle, et même l'Évêque qui se trouva à Carthage en 525 est dit Évêque de Honoriopolis, mais on ne s'explique pas les autres variantes et l'existence d'une ville de ce nom précisément durant la période Vandale.

SERVITIVS. Il figure le cent septième sur la liste des Évêques de la province Byzacène qui se rendirent à la réunion de Carthage, en 484, et furent par l'ordre du roi Hunéric envoyés en exil avec tous leurs autres collègues. Les manuscrits le disent Évêque d'Unuricopolis, autrement Unorecopolis.

SERVVS DEI d'Honoriopolis. Il assista, en 525, au Concile que Boniface célébra à Carthage avec cinquante-huit Évêques dont plusieurs avaient été délégués par les Provinces [1].

LXVI. — HORREA CÆLIA.

Horrea Cælia était située dans la Byzacène, entre Putput et Hadrumète, comme le prouvent l'Itinéraire d'Antonin, la table de Peutinger, l'anonyme de Ravenne et tous les autres auteurs qui en ont parlé. Cette ville devait servir d'entrepôt pour l'exportation des grains fournis par la province Byzacène, qui était renommée pour sa fécondité. L'entrepôt de grains appartenait sans doute à la famille des Cælii qui laissa son nom à la ville. Aujourd'hui encore on la nomme Hergla qui est une contraction de Horrea Cælia. Assise sur un promontoire élevé, au bord de la mer, Hergla n'est plus qu'un bourg arabe. Le castrum antique existait encore en 1856 ; il ne reste actuellement que des

---

[1] Hard. 2. p. 1082.

débris de ce Kasr, avec des fragments de sculpture, de mosaïque, et des traces d'un édifice religieux à l'intérieur de la citadelle.

Dans la notice de 482, Horrea figure la cent treizième mais sans Évêque. Son église était sans doute veuve de son Pasteur, ou bien celui-ci avait été exilé avant les autres Évêques de la Byzacène.

TENAX. Il assista, en 255, au troisième Concile de saint Cyprien sur le Baptême et il y donna son avis le soixante-septième [1].

IANVIER. Donatiste, il assista avec ceux de son parti à la Conférence de 411. A l'appel de son nom il répondit [2] : *J'ai donné mandat et j'ai souscrit.*

HILARIEN. Il était présent au Concile de Carthage réuni par Aurèle en 419. Il en signa les décrets comme député de sa province [3].

AVVS. Il souscrivit au Concile de Carthage tenu par Boniface en 525 [4].

---

[1] Hard. Conc. 1. p. 170.
[2] Cogn. 1. 201.
[3] Hard. 1. p. 1250.
[4] Ibid. 2. p. 1082.

LXVII. — IVBALTIANA.

La notice nous apprend que Jubaltiana, ou Iubeclidia, était une ville de la Byzacène, et la forme de son nom indique une ville ancienne. Cependant les géographes n'en font pas mention. Peut-être se trouvait-elle aux environs de Kairoan, car on a retrouvé dans cette dernière une inscription qui peut contenir le nom d'un *fundus Jubaltianensis* [1].

```
            DEO PLVTONI SACR . PRO SALV
          TE DDDD . NNNN . DIOCLETIA
        NI . ET . MAXIMIANI . ET . COSTANTI . ET
       MAXIMIANI . NOB . LISIMI . CAESSSS . CO
          TEMPVLVM . PLVTNIS . LABSVM . ET
           DEDICATVM . PER INSTANTIA FELICI
       C . AELI . FORTVNATI . ET . L . C . ANTONI MARSVA
        TIS . MAGG . F D . IVB . L . ET . FORTVNATVS ALIQVA
        TIS ARCARIVS . ET . IA . HIN . POET . MAIEST . CVRA
```

GETA. On voit dans le recueil des canons de l'Église d'Afrique qu'il fut député, en 403, au Concile de Carthage avec trois autres Évêques de la province Byzacène [2]. Il assista, en 411, à la Conférence de Carthage où, après avoir répondu qu'*il était présent*, il ajouta [3], au sujet de son église : *Je n'ai point de compétiteur.*

EVSÈBE. La notice le nomme le cent sixième dans la liste des Évêques de la Byzacène qui se réunirent à Carthage,

---

[1] Ephem. v. n. 255.
[2] Hard. 1. p. 911.
[3] Cogn. 1. n. 128.

en 484, avec les autres Évêques d'Afrique, et qui, bannis par le roi Hunéric, subirent tous la peine de l'exil. Eusèbe est aussi du nombre de ceux que l'annotation ajoutée à leur nom prouve être morts en exil pour la foi catholique.

RESTITUT. Il signa la lettre du Concile de la Byzacène adressée, en 641, à l'empereur Constantin, fils d'Héraclius, contre les Monothélites[1].

LXVIII. — IVNCA.

Junca, que les anciens géographes ne mentionnent pas, est connue, dans les annales de l'Église, par le Concile qui y fut tenu, en 524, lorsque Libérat était Primat de la Byzacène[2]. On y envoya des députés au Concile que Boniface tint, l'année suivante, à Carthage[3]. C'était une ville maritime, comme l'indique l'auteur de la vie de saint Fulgence, en mentionnant le rivage de Junca, près duquel il dit qu'un monastère était situé[4]. Selon le même auteur, la ville était au fond d'un golfe et elle était voisine de Bennefa, et il confirme ce que nous avons dit ci-dessus du Concile de Junca[5]. Procope nous apprend que Junca était à neuf journées de mer au sud de Carthage et que c'était le seul

---

[1] Hard. 3. p. 739.
[2] Hard. 2. p. 1085.
[3] Ibid. et p. 1086.
[4] c. 14.
[5] c. 60.

port de refuge qui existât sur ce littoral [1]. Corippe parle de Junca et des champs de Junca, dans sa Johannide [2]. Enfin, la notice de Léon le Sage atteste qu'en 883, Junca avait encore un Évêque.

Les ruines de cette ville portent aujourd'hui le nom de Ounga ; elles sont situées à quatre kilomètres de Macomades et s'étendent sur la rive droite de l'oued Zitoun. Le port dont parle Procope est le Mersa Sghira, mouillage abrité par la saillie du Ras Ounga et par les îles Keneïs. Parmi les ruines assez effacées de la ville, on reconnaît les vestiges d'une basilique chrétienne et de vastes citernes. Sur le plateau qui les domine, s'élève le Ksar Ounga, forteresse bâtie tout entière avec des matériaux antiques.

VALENTINIEN. Il assista, en 411, à la Conférence de Carthage où il répondit à l'appel [3] : *J'ai donné mandat et j'ai souscrit.* Il ne fit aucune mention d'un compétiteur catholique. Il est, comme le fait remarquer Hardouin, appelé Évêque de Junca dans les manuscrits, mais dans les textes imprimés il est dit Évêque d'Inuca. Noris préférait cette leçon parce qu'il y avait dans la province Proconsulaire, une Inuca, autrement Unuca, située sur la voie de Carthage à Membressa, entre Pertusa et Sicilibba, comme le marquent les Itinéraires. Mais on ne trouve nulle part ailleurs un Évêque de cette ville.

TERTVLLE. La notice le nomme le cent cinquième parmi les Évêques de la Byzacène qui furent convoqués à Carthage, en 484, avec tous leurs collègues et de là partirent pour l'exil.

[1] Bell. Vand.
[2] Lib. 6. v. 390 et 477. 7. v. 20.
[3] Cogn. 1. 187

VERECVNDVS. Victor de Tonnone en fait mention à l'année 552 et 553 et dit qu'il partit de la Byzacène avec ceux que l'empereur Justinien appelait à Constantinople pour l'affaire des trois Chapitres. Il ajouta ensuite, au sujet de la mort de Verecundus : *Mais Verecundus, Évêque de l'Eglise de Junca, inébranlable dans la défense des trois Chapitres, passa de la vie présente au Seigneur dans la ville de Chalcédoine où il s'était réfugié, dans l'hôtellerie de notre glorieuse mère sainte Euphémie.*

NVMIDIVS. Il signa, un des derniers, la lettre du Concile de la Byzacène, adressée, en 641, à l'empereur Constantin, fils d'Héraclius, contre les erreurs des Monothélites. Dans sa souscription, il est appelé *Évêque de la sainte Église Sofiana Juncis*[1], ce qui semble indiquer que Junca avait pris le nom de l'impératrice Sophie qui régna avec Justin entre 565 et 578. Et en vérité, un fragment de marbre trouvé à Sidi Gherib, à huit kilomètres ouest de Macomades, porte une inscription gréco-latine qui est une dédicace à l'empereur Justin et à l'impératrice Sophie[2].

[1] Hard. 3. p. 741.
[2] Corpus. 10498.

LXIX. — LEPTIS-LA-PETITE.

Leptis Minor, autrement Lepti Minus, ou la Petite, est la ville actuelle de Lemta. Pline la compte parmi les villes libres de la province Byzacène[1] et Hirtius l'appelle *une cité libre et franche*[2]. Elle était très ancienne et tous les écrivains de l'histoire romaine en font mention. Elle était située à l'extrémité de la petite Syrte entre Hadrumète et Thapsus et plus loin était Ruspina. Près de Leptis était le monastère appelé de Præcisu, dont fait mention l'abbé Pierre dans le mémoire qu'il présenta à Boniface, au Concile de Carthage de 525[3].

D'origine phénicienne, ainsi que son nom l'indique, et que Salluste le constate, Leptis était soigneusement fortifiée et possédait, comme Carthage, une triple enceinte. Au temps de Justinien, elle avait encore son importance militaire, puisqu'une loi en fit, avec Capsa, une des deux résidences du duc de la Byzacène.

Les ruines de la ville sont importantes. Elles couvrent, sur le littoral, au nord-ouest de Lemta, un espace dont la circonférence peut être évaluée à quatre kilomètres. Son mouillage était un des plus vastes et des plus sûrs de la côte. On y remarque les restes d'un quai, ceux d'un amphithéâtre de 340 pas de circuit, d'une citadelle nommée El Ksar, et une nécropole chrétienne. Au milieu de celle-ci était un édifice nommé encore l'Église ; les sépultures

---

[1] Hist. nat. v.
[2] Bell. afr. c. 9.
[3] Hard. 2. p. 1087.

étaient généralement recouvertes par des mosaïques avec inscriptions. Nous lisons sur l'une d'elles la date de l'an 562, vingt-neuf ans après la conquête de Bélisaire [1] :

BILLA
TICA
VIXIT
ANNIS
XVIII
PLSM
REQVI
EBIT .
IN PACE
DIE VI
KL . IVLI
AS AN
NO XX
VIIII

Sur une autre est le nom d'un archidiacre [2].

THEODOR
VS ARCED
IACONVS

Sur un disque de marbre on lit ce qui suit [3] :

FASTIDITV
S DORMITIM
PACE VIXIT AN
NOS IIII . M . I . ORA
S III

Une dédicace trouvée à Théveste en Numidie porte la mention d'un patrimoine ou domaine de la région de Leptiminus [4] :

[1] Saladin. descr. de la Tun. p. 20.
[2] Corpus. 58.
[3] Ibid. 10542.
[4] Eph. VII. n. 717.

M . AEMILIO
CLODIANO
EV PROCAVGgNn
PATRIMONII
REG LEPTIMINENSIS
ITEM PRIVATAE
REG TRIPOLITANAE
OB SINGVLAREM EIVS
INNOCENTIAM
OEENSES
PVBLICE

DEMETRIVS. Il assista au Concile de Carthage de l'année 255, le troisième tenu par saint Cyprien au sujet du Baptême, et il y fit connaître son sentiment le trente-sixième [1].

ROMAIN. On le trouve parmi les Évêques catholiques qui se réunirent à Carthage, en 411, pour la Conférence. Lorsqu'il eut répondu qu'il était présent [2], son compétiteur, le donatiste Victorin, se présenta et dit : *Je le connais.* Puis, lui-même répondit à son appel [3] : *J'ai donné mandat et j'ai souscrit.* Ce même Victorin avait assisté, en 393, parmi les Maximianistes, au Concile de Cabarsussi [4].

FORTVNATIEN. Il figure le trente-sixième sur la liste des Évêques de la province Byzacène, qui, après la réunion de Carthage, en 484, furent envoyés en exil avec leurs autres collègues par le roi Hunéric.

CRESCENTIEN. Il signa la lettre du Concile de la Byzacène adressée, en 641, à l'empereur Constantin, fils d'Héraclius,

---

[1] Hard. 1. p. 167.
[2] Cog. 1. 121.
[3] Ibid. 187.
[4] Aug. serm. 2. in ps. 36. n. 20.

contre les Monothélites[1]. Nous lisons encore cette lettre dans les actes du premier Concile de Latran.

LXX. — LIMISA.

Les géographes ne disent rien de Limisa, autrement Limmica, nous savons cependant qu'elle se trouvait dans la Byzacène. C'est à Aïn Lemsa qu'on l'a retrouvée. La citadelle, Ksar Lemsa, se dresse au milieu de ruines assez importantes, au pied du Djebel Boudja, à six kilomètres de Zama, près de Furni. Cette forteresse rectangulaire domine un champ de ruines de plus de cinquante hectares. Elle a été reconstruite, à l'époque byzantine, avec les grandes pierres empruntées aux monuments de la ville. Une de ces pierres portait l'inscription suivante[2] :

LIMISENSES . D . D . P . P .
IVLIVS PERPETVVS . ET SATVRNI
NVS . MASOPIS . FIL . SVFETES . FEC
CVR . FAVSTO . MAXIMI . FILIO .

La ville, on le voit, était alors administrée par des sufètes.

La source, Aïn Lemsa, qui alimentait la ville, est thermale. Elle sort de la montagne, derrière la citadelle, et coule dans un canal long de 150 mètres, entièrement taillé dans le roc.

[1] Hard. 3. p. 739.
[2] Eph. v. n. 279.

Sur un des monuments de Limisa, nous voyons qu'un de ses habitants s'appelait *Limisius*, de même qu'un habitant de Madaure s'appelait Madaurius.

DONAT. Il signa la lettre du Concile de la Byzacène, adressée, en 641, à l'empereur Constantin, fils d'Héraclius, contre les Monothélites [1].

LXXI. — MACRIANA-LA-GRANDE.

Les géographes ne disent rien de l'une et de l'autre Macriana. Il y en avait assurément deux du même nom dans la Byzacène, puisque l'un de ceux qui assistèrent à la Conférence de 411 est appelé Évêque de Macriana-la-Grande. Le diacre Ferrand rapporte qu'on célébra à Macriana un Concile dont il fait connaître deux canons [2].

Elle devait peut-être son nom au Proconsul, M. Fulvius Macrianus, général très aimé en Afrique, et depuis Empereur, ou de son fils C. Fulvius Macrianus.

FEROX. Il assista au Concile de Carthage, en 397, comme délégué de sa province et il y souscrivit en qualité d'Évêque de la grande Macriana [3]. En 411, il se trouva à Carthage pour la Conférence, et lorsque, à l'appel de son nom, il eût répondu [4] : *Je suis présent*, il ajouta : *J'ai l'unité*,

[1] Hard. 3. p. 739.
[2] Brev. can. 11 et 23.
[3] Hard. 1. 914.
[4] Cog. 1. 126.

et Pompone, son adversaire, qui était là, ne le nia point et se contenta de répondre : *Je le connais*. Appelé à son tour [1], il dit : *J'ai donné mandat et j'ai souscrit*. Il avait précédemment, en 393, assisté au Concile de Cabarsussi dans lequel les Maximianistes condamnèrent Primien, et signé la lettre synodale adressée par eux à tous les Évêques d'Afrique.

HONORAT. Il figure le quatre-vingtième parmi les Évêques de la Byzacène qui, convoqués par l'édit du roi Hunéric, se rendirent à Carthage, en 484, et furent ensuite exilés, sacrifiant tout pour la foi catholique. Honorat fut, en effet, de ceux qui moururent en exil.

LXXII. — MACRIANA-LA-PETITE.

Nous ne la trouvons nulle part désignée par son nom et il n'est même pas facile de la distinguer de la ville du même nom qui appartenait à la Maurétanie sitifienne. Nous lui attribuons l'évêque Silvain qui assista à la Conférence de 411 avec son collègue de Manazena, autre ville de la Byzacène.

SILVAIN. Il fut député par les Évêques de sa province au Concile de Carthage de l'an 403 [2]. Il assista plus tard à la

---

[1] Cog. 1. 176.
[2] Hard. 1. 914.

Conférence de Carthage où, après l'appel de son nom, il rendit de son église ce témoignage [1] : *Elle n'a personne contre elle, elle est catholique.*

LXXIII. — MACTARIS.

La notice place la ville de Mactaris dans la province Byzacène, mais du reste, elle n'est pas connue des géographes, qui l'ont omise sans doute parce qu'elle ne se rencontre pas sur les grandes voies romaines. Les grandes ruines de Mactaris s'élèvent au nord-est de Mididi, dont nous parlerons plus loin; elles portent encore le nom de Mactar, qui se lit sur ses monuments. Elle avait reçu le titre de colonie Aelia Aurelia Mactaris sous le règne de Marc Aurèle, entre les années 170 et 180 de notre ère, comme nous le voyons par le texte suivant [2] :

L. septimio Getæ nob.
Cæsari
IMP CAES L SEPTIMI SEVERI
PII PERTINACIS AVG ARAB
ADIAB PART MAX FORTISSI
MI FELICISSIMI PONT MAX
TRIB POTEST VII IMP XI COS II
PP PROCOS fil
IMP CAES M AVRELI ANTONINI AVG
TRIB POTEST II PROCOS fratri

[1] Cog. 1. 133.
[2] Eph. v. 1174.

DIVI M ANTONINI PII GER SARM
nep. DIVI ANTONINI PII pronep.
DIVI HADRIANI abnep. DIVI TRAIA
NI PART ET DIVI NERVAE adnep. COL AE
LIA AVRELIA MACTARIS . DDPP

L'ethnique paraît dans l'inscription suivante [1] :

C . SEXTIO . C . F . PAPIR
MARTIALI . TRIB . MIL . LEGIONIS . Iiii
SCYTHICAE . PROC . AVG . AB . ACTIS . VRBIS . PROC
AVG . INTER . MANCIP . XL . GALLIARVM . ET . NE
GOTIANTIS PROC . MACEDONIAE. QVI
OB MEMORIAM . T . SEXTI . ALEXANDRI
FRATRIS SVI . IN LATIS . HSL . MIL . REIPVB
COL . SVAE . MACTARITANAE . EPVLATICIVM EX
VSVRIS CVRIALIBVS DIE NATALI FRATRIS SVI
QVODANNIS DARI IVSSIT OBQVAM LIBERALITATE
EIVS STATVAM VNIVERSAE CVRIAE DD PEC SVA POSVER

Les restes de l'antique colonie s'étendent sur un plateau tourné vers l'est, adossé au Kalat es Souk, entre deux ruisseaux qui ne tarissent pas, l'oued Miran au sud et l'oued Saboun au nord. On y remarque plusieurs monuments considérables : un arc de triomphe orné sur ses deux faces de quatre colonnes corinthiennes ; un grand édifice qui ressemble à des thermes ; un second arc de triomphe plus grand que le premier ; un amphithéâtre ; un grand aqueduc ; le forum ; des temples et de beaux mausolées. Mais ce qui nous intéresse davantage, ce sont les restes d'une basilique dans laquelle plusieurs Évêques de Mactaris ont reçu la sépulture. Cette basilique est située près de la source ; ses fondations et ses colonnes sont encore visibles ; le dallage était formé de pierres couvertes

---

[1] Corpus. 677.

d'épitaphes, parmi lesquelles ont été retrouvées celles de deux évêques que nous nommerons tout à l'heure. Une épitaphe porte l'ancienne formule païenne sous un chrisme accosté de deux colombes. Elle contient ce qui suit [1] :

<pre>
        D M S
     IVLIA VICTO
    RIA HF . FIDELIS
     IN PACE VIXIT
   AN . XXV . M . iI . D . V
    H . III REDDIdit DIE
     XV . KAL. NOVEMB
</pre>

Il y en a plusieurs autres semblables.

Plusieurs prêtres furent ensevelis dans la même basilique.

Au-dessous d'une croix monogrammatique, accostée de l'alpha et de l'oméga, nous lisons l'intéressante épitaphe du prêtre Jovien.

<pre>
      IO . BIANVS
      PRS . IN PRS
       VIXIT ANN
         IS XXXV
</pre>

Il faut restituer de la manière suivante : *Iobianus presbyter in presbyteratu vixit annis XXXV*.

L'épitaphe du prêtre Faustin n'est pas moins intéressante :

<pre>
    FAVSTINVS PRESB
    VIXIT in DIACONA
   TV ANNIS XXXIIII ET IN
    PRESB ANNOS II ME
           * G
</pre>

[1] Bull. arch. 1888. p. 147

Faustin avait été longtemps diacre avant d'être revêtu du sacerdoce. Chose remarquable, Faustin et Jobien ne sont pas désignés par la formule *vixit in pace* qui est spéciale aux simples fidèles, mais par la formule *vixit in diaconatu, in presbyteratu*. Nous en parlerons, à l'occasion des Évêques Germain et Rutilius. L'épitaphe d'un enfant de dix mois contient l'expression *pergens ad sanctos*.

Un autel a été retrouvé près Aïn el Bab, à Mactaris. Il recouvrait les reliques de deux martyrs, comme l'indique le texte qui y avait été gravé et qui malheureusement n'est plus complet.

```
        MENSA MARTYRVM
            Δ ⳨ ω
    SANTI           SANTI
    januari ?       FELICIS
```

C'est une dalle qui a un mètre quatre-vingts centimètres de longueur et quatre-vingt-six centimètres de largeur. Les murs de la basilique épiscopale étaient formés de pierres de toutes provenances, parmi lesquelles se trouvaient un certain nombre de dédicaces aux Empereurs chrétiens. Nous n'en citerons qu'une.

```
          D N
      FLAVIO VALERIO
        CONSTANTINO
     NOB . CAES . NVMINI
      MAIESTATIQVE EO
     RVM . COL . AELIA AV
      RELIA AVG  MACT .
          D D. PP
```

Les autres sont relatives aux empereurs Julien, Valentinien, Gratien. Elles montrent que la basilique fut reconstruite à une basse époque.

MARC. Présent au Concile de Carthage de l'an 255, le troisième réuni par saint Cyprien au sujet du Baptême, il y donna son sentiment le trente-huitième [1].

COMPARATOR. Il était de la secte des Donatistes parmi lesquels il assista à la Conférence de Carthage, en 411. À l'appel de son nom, il dit [2] : *J'ai donné mandat et j'ai souscrit.* Il ne paraît pas qu'il y eut alors à Mactaris un Évêque catholique.

ADELFIVS. La notice de 482 le cite le vingt-cinquième parmi les Évêques de la Byzacène qui assistèrent à la réunion de Carthage de l'année 484 et furent condamnés à l'exil par le roi Hunéric avec leurs autres collègues. Par suite d'une erreur de copiste, Adelfius paraît une seconde fois et le cinquantième parmi les Évêques de la notice.

VICTOR. Cassiodore en fait mention [3] et rapporte que les livres de Cassien avaient été revus par lui. Cassiodore qu'on croit avoir écrit en 556 ses traités sur les lettres divines, semble faire de Victor son contemporain, lorsqu'il dit : *Ainsi, avec le secours de Dieu, il les corrigea et les compléta de telle sorte que le mérite lui en revient à bon droit. Nous croyons qu'il arrivera bientôt parmi nous avec quelques autres Évêques venant des diverses parties de l'Afrique.*

---

[1] Hard. 1. p. 170.
[2] Cogn. 1. 202.
[3] De div. lect. 29.

RUTILIVS. Nous ignorons à quelle époque il appartient. Son tombeau a été retrouvé dans la basilique dont nous avons parlé avec celui d'un autre Évêque nommé Germain. Son épitaphe dit qu'il occupa pendant vingt-trois années le siège épiscopal de Mactaris.

RVTILIVS EPISCOP .
IN EP . VIX . ANN . XXIII
M . II . D X

GERMAIN. L'époque de son épiscopat n'est pas plus connue que celle du précédent, à côté duquel il était enseveli. On peut lire sur la dalle qui recouvre son tombeau :

Δ ☧ ω
OLIM DO DIGNVS
HIC IN TVMVLO
IACET EPISC . GER
MANVS IN EPISC . VI
AN X M X D. X II II

Ainsi l'Évêque Germain fut près de onze ans sur le siège épiscopal de Mactaris. L'expression *olim Domino* ou *Deo dignus* nous rappelle un texte de la Sagesse où l'Esprit Saint dit des Justes : *Probavit illos et invenit illos dignos se*[1]. Rappelons d'autre part que l'épitaphe d'un Évêque de Tanaramusa, victime des Vandales et des Maures, porte la formule : *multis exiliis probatus et fidei catholicæ adsertor dignus inventus*, et que les Évêques de la notice de 482, victimes de la persécution Vandale, ont chacun la note *probatus*. Nous serions portés dès lors à admettre que l'Évêque Germain a été honoré

---

[1] Sap. 3. 5 et 6.

dans l'Église de Mactaris comme un saint confesseur, sinon comme un martyr.

Mactaris a eu, plus tard, des Évêques titulaires, dont nous connaissons les suivants :

Valère Vielezogerski, 13 mai 1652;
Stanislas Domarixuski, 3 juin 1653 ;
François de Zeemerosy Mendosa, 12 juin 1702 ;
François Szembek, 7 février 1729 ;
Mathias Alexandre Soltyk, 7 février 1729 ? ? ;
François Xavier de Adelmaur, 25 mai 1750;
Pierre Lelabousse, février 1802 ;
Paul Marusci, septembre 1825.

LXXIV. — MADASVMMA.

Le nom de cette ville varie, car, dans l'Itinéraire d'Antonin, elle s'appelle Madarsuma ; dans quelques manuscrits, que Surius a vus, elle est nommée Madasumma et Madussama. Les actes de la Conférence de 411 portent Mandasuma et la notice de 482 écrit Madassuma. Enfin Léon le Sage, qui lui attribue encore un Évêque en 883, l'appelle Madasuba. Ces variantes sont dues assurément aux copistes. Le nom vient-il du punique *Madar artsuma,* maison fortifiée? Cela est possible, et l'on trouve encore, entre Nara et Septimunicia, des hauteurs nommées Khechem Artsouma. D'après l'Itinéraire, Madarsuma se trouvait à vingt-cinq milles de chacune de ces deux villes, sur la voie de

Sufétula à Macomades Minores, et précisément dans la région du Khechem Artsouma.

En 482, Madasumma n'avait pas d'Évêque.

Observons qu'il y avait dans la Numidie orientale un Évêché de Mada et un autre de Summa.

PRIMVLIEN. Il était de la secte des Donatistes, parmi lesquels il assista, en 411, à la Conférence de Carthage. Il y répondit à l'appel[1] : *J'ai accepté et j'ai souscrit.* Au Concile Maximianiste de Cabarsussi, tenu en 393, assista un Évêque, nommé aussi Primulien ou Primilien, sans indication de siège, soit que le temps l'ait détruite, soit qu'elle ait été omise. Ce Primulien peut être le même que le nôtre, mais il est plus probable que c'est le Primulien de Leptis Magna, autrement Lucimagna, qui assistait aussi à la Conférence parmi les Donatistes.

LXXV. — MARAGVIA.

Le nom de cette ville est Maraguia, autrement Maraguina. Elle se trouvait, comme le montre la notice, dans la province Byzacène. On n'en voit cependant aucune trace dans les géographes.

Il y avait une Veresuos sur la voie de Capsa à Tacapas, mais ce nom est loin de Maraguia. Nous connaissons aussi dans la Tunisie méridionale, qui représente la Byzacène, des ruines romaines qui portent les noms de Kasr Margni,

[1] Cogn. 1. 187.

Ksar Marouga, Serraguia, Marraga, Melagui, etc. Ces consonances sont souvent trompeuses.

BONIFACE. Il figure le soixante-quatorzième parmi les Évêques de la province Byzacène qui se rendirent à la réunionde Carthage sur la convocation du roi Hunéric en 484, et qui furent ensuite envoyés en exil avec les autres Évêques.

LXXVI. — MARAZANA-LA-ROYALE.

Marazana, autrement Marazanas, Manazena et Marazeña Regia, appartenait certainement à cette partie de l'Afrique qui fut comprise dans le royaume Numide avec Zama Regia, Aquæ Regiæ, Bulla Regia et autres villes. Nous savons, en effet, que la frontière du royaume de Numidie s'étendit de Thabraca à Thenæ et que ce royaume comprit même la ville de Vaga.

Il y avait assurément deux Marazanæ, puisque l'une d'elles porte le caractère distinctif de Royale. L'Itinéraire d'Antonin n'en annonce qu'une seule qu'il nomme Marazanæ et qu'il place entre Sufès et Aquæ Regiæ, à vingt-huit milles de Sufès et à vingt milles d'Aquæ. Marazanæ est donc représentée probablement par les grandes ruines d'El Kasba situées au passage de l'oued Merguellil.

On sait qu'il fut tenu à Marazanæ, un Concile dont le diacre Ferrand a reproduit quelques canons[1]. On ignore

---

[1] Hard. 1. p. 1251.

cependant en quelle année il a été tenu. Nous ignorons également si la Marazanæ de l'Itinéraire est la Royale. Il n'y a qu'un seul Évêque qui prenne ce titre à la Conférence de 411 et encore y est-il dit Évêque de Manazena Regia.

Il y a, au reste, des ruines romaines où l'on exploitait le minerai d'or, près de la Sebkha en Nouaïl, autrement dite Sebkha Manzouna. La ville devait se trouver près Aïn Mezouna. La montagne qui fournissait le minerai s'appelle Bou Heudma.

FELIX. Il assista, parmi ceux de la secte Donatiste, à la Conférence de Carthage de l'année 411, où à l'appel de son nom il dit[1] : *J'ai donné mandat et j'ai souscrit*. Mais on ne fit aucune mention d'un Évêque catholique.

LXXVII. — MARAZANA.

Après ce que nous avons dit à l'article précédent, il reste peu à ajouter sur Marazana. C'est cette ville sans doute que mentionne l'Itinéraire d'Antonin et que nous plaçons à El Kasba sur l'oued Merguellil.

FELIX de Marrazana, autrement Mazanatana, etc. Il assista au Concile de Carthage, tenu par saint Cyprien, en 255, et il y donna son vote le quarante-sixième[2].

---

[1] Cogn. 1. 201.
[2] Hard. 1. 170.

EVNOME. Il assista, en 411, à la Conférence de Carthage, où, après la lecture de sa souscription, il dit[1] : *J'ai pour compétiteur Habetdeum.* Alors celui-ci repartit : *Mon prédécesseur fut ordonné pour l'Église de Marazana ; mais celui-ci, après avoir pris possession de son siège, en a été chassé.* Eunome alors répliqua : *Il n'a jamais occupé son siège.* Et de nouveau Habetdeum : *Je n'ai pas été moi-même admis davantage et j'ai dû m'établir au troisième mille, dans la ville (in tertio milliario, in civitate).* Mais Eunome reprit : *Jamais il n'y a eu de Donatistes ; il n'y est pas et ils n'ont jamais eu ce siège.* A quoi enfin Habetdeum répondit : *Ils ont été récemment écrasés.* En revenant sur le texte de cette controverse, nous remarquons que le prédécesseur d'Habetdeum fut ordonné à trois milles de Marazana. Habetdeum dut lui aussi s'établir au même lieu puisqu'il ne fut pas admis à Marazana. La cité, située à trois milles de Marazana, serait-elle la même que Aurusuliana dont nous avons parlé en son lieu, et ce prédécesseur d'Habetdeum serait-il Secondin d'Aurusuliana ? Cela est fort possible, d'autant plus que nous ne voyons pas apparaître à son tour, parmi les Donatistes, Habetdeum de Marazana, mais un Habetdeum d'Aurusuliana.

Eunome est appelé dans les actes Évêque de Marazena.

VINDICIEN de Maraziana. La notice le nomme le quarante-neuvième parmi les Évêques de la province Byzacène qui se rendirent à la réunion de Carthage, en 484, et furent ensuite exilés avec leurs collègues par le roi Hunéric.

SATVRNIN. Il signa, l'un des premiers, la lettre du Concile

---

[1] Cogn. 1. 133.

de la Byzacène adressée, en 641, à l'empereur Constantin, fils d'Héraclius, contre les Monothélites. La souscription est ainsi formulée : *Moi Saturnin, autrement Sature, Évêque de la sainte Église de Miriciana, autrement Maraziana, j'ai souscrit à ces pieuses demandes* [1].

LXXVIII. — MASCLIANA.

Mascliana, autrement Masclianæ, ou même Masclianas, au cas direct, comme on disait Suas, Assuras, Marazanas, Tacapas, etc., était une ville de la province Byzacène, d'où partait une route importante. L'Itinéraire d'Antonin la place à dix-huit milles d'Aquæ Regiæ et à trente-six milles de Sufetula.

Il est fort possible qu'elle soit représentée par les ruines de Hadjeb el Aioun, sur la rive droite de l'oued Zeroud. On y remarque les restes d'une basilique, qui a fourni de nombreux carreaux historiés très intéressants. Le Christ et ses apôtres, Adam et Ève, Abraham et Isaac, le Christ et saint Pierre recevant les clefs, le Christ et la samaritaine et autres sujets y sont représentés. La basilique était pavée en belles mosaïques.

VICTORIEN. Il assista au Concile de Carthage de l'année 397, le troisième tenu par Aurèle, et il y souscrivit le premier après Muzonius, Primat de la province Byzacène [2].

[1] Hard. 3.
[2] Hard. 1. 974.

PLVTIEN. Il était de la secte des Donatistes parmi lesquels il assista, en 411, à la Conférence de Carthage. A l'appel de son nom, il dit[1] : *J'ai donné mandat et j'ai souscrit.* Il est dit très correctement Évêque de Mascliana, tandis que Victorien est aussi appelé Évêque de Masciliana, autrement Macriana et même Massylia selon les manuscrits.

BONIFACE. Il figure le neuvième sur la liste des Évêques de la Byzacène que le roi Hunéric fit exiler après l'assemblée de Carthage, en 484, avec tous leurs collègues d'Afrique.

LXXIX. — MATERIANA.

C'était, comme nous l'apprend la notice de 482, une ville de la Byzacène ; mais elle n'est pas mentionnée par les géographes et elle ne nous fournit qu'un seul Évêque.

PELERIN. La notice le cite le quatre-vingt-dixième parmi les Évêques de la province Byzacène qui se rendirent à la réunion de Carthage, en 484, et furent de là envoyés en exil avec leurs autres collègues à cause de leur profession de foi catholique.

A la même réunion se trouvaient deux autres Évêques, nommés également Pèlerin, ceux de Mulia et de Pudentiana, autrement Punetiana.

[1] Cogn. 1. 208

LXXX. — MAXIMIANA.

La province Byzacène avait, comme la Numidie, une ville du nom de Maximiana, qu'elle devait sans doute à l'empereur Maximien. Il en est fait mention au Concile de Carthage de l'année 525, tant dans la lettre de Libérat que dans le mémoire de l'abbé Pierre, où nous apprenons aussi que le monastère de Bacca ou Bana était voisin de l'Église de Maximiana [1]. On sait également, par la vie de saint Fulgence, que Ruspæ n'en était pas très éloignée, car il est dit que le saint avait pacifié les villes voisines et avait surtout apaisé le peuple de Maximiana qui refusait de recevoir son Évêque récemment élu [2]. Nous ignorons le nom de cet Évêque.

POSSIDIVS. La notice le cite le quarante-troisième parmi les Évêques de la Byzacène qui se réunirent à Carthage, sur l'ordre du roi Hunéric, en 484, et furent, après cette réunion générale, exilés avec tous leurs autres collègues. Cependant, si Possidius figure sur la notice de 482, il semble avoir évité l'assemblée de 484, car l'auteur des annotations a mis après son nom cette note : *Il ne s'y trouva pas,* soit qu'il se tînt caché quelque part en Afrique, soit qu'il eût passé en Italie ou dans une autre contrée.

BONIFACE. Il signa la lettre du Concile de la Byzacène adressée, en 641, à l'empereur Constantin, fils d'Héraclius,

---

[1] Hard. 2. p. 1087.
[2] Cap. 29.

contre les Monothélites. Il y souscrivit en ces termes [1] : *Boniface, par la grâce de Dieu, Évêque de la sainte Église de Justin et Maximia.* Nous savons que Justinien fit restaurer plusieurs villes qui prirent son nom, comme Carthage, Hadrumète, Capsa, Zaba, etc. Nous savons aussi, par Procope [2], que le même Prince fonda une ville au Caput Vada, aujourd'hui Ras Kaboudia, et que cette ville fut nommée Justinianopolis. Serait-ce cette ville qui fut unie au siège de Maximiana et qui fut gouvernée en même temps que celle-ci par l'Évêque Boniface?

LXXXI. — MEDIANA.

Il y avait en Numidie, des Casæ Medianæ, dans la Maurétanie sitifienne, des Medianæ Zabuniorum, et dans la Césarienne, un Castellum Medianum. La Byzacène, d'après la notice de 482, eut aussi une Mediana, mais les anciens géographes n'en disent rien. Elle se trouvait peut-être peu éloignée des Casæ Medianæ de Numidie, si celles-ci doivent être placées au point où les territoires de la Proconsulaire, de la Byzacène et de la Numidie se touchent et où existaient jadis des mines très riches.

ANTACIVS. Il figure le vingt-septième parmi les Évêques de la province Byzacène qui se rendirent, en 484, à la réunion de Carthage et furent ensuite, par ordre du roi Hunéric, exilés avec tous les autres Évêques.

[1] Hard. 3. 740.
[2] De ædif. 6. 6.

LXXXII. — MENEFESSI.

Menefessi, autrement Medefessi et Menefese, était, comme l'indique la notice, une ville de la Byzacène, distincte de Menegese et de Menegere, que les géographes placent dans la partie occidentale de la Byzacène. Procope, en effet, place Menefessi [1] à moins d'une journée d'Hadrumète. Corippe, dans la Johannide [2], dit que, en 545, Jean, fils de Sisinniole, et Himérius, commandant d'Hadrumète, furent battus par les chefs Maures Stotza et Antala, qui étaient campés à Menephèse, dans de vastes plaines couvertes de prés et de pâturages. Himérius était parti la nuit d'Hadrumète et il arriva à Menephèse avant le jour. D'autre part, Hadrumète fut occupée par l'ennemi peu après la victoire. Par conséquent, Menefessi doit se trouver dans la plaine encore appelée El menfez, aux ruines de Djemmich, situées à dix-huit milles au nord nord-ouest d'Hadrumète.

MENSVRIVS. Il assista, en 411, à la Conférence de Carthage et après la lecture de sa souscription il dit [3] : *Je n'ai personne contre moi.* Mais Valentinien, diacre du donatiste Primien, reprit : *Il est mort récemment,* désignant ainsi l'Évêque donatiste, compétiteur de Mensurius. Nous en ignorons le nom.

SERVVS. La notice le nomme le cinquante-septième parmi

---

[1] Bell. Vaud. 2. 23.
[2] Lib. 4. v. 20 et seq.
[3] Cogn. 1. 135.

les Évêques de la province Byzacène que le roi Hunéric, après la réunion de Carthage, en 484, condamna à l'exil avec tous les autres Évêques.

LXXXIII. — MERFEREBI.

Merferebi, autrement Meserebi, n'est pas mentionnée dans les anciens auteurs. Nous ignorons même à quelle province elle appartenait; et si nous l'attribuons à la Byzacène, c'est parce que à la Conférence de 411 son Évêque est cité avec ceux de Sufès et de Vegesela, qui sont des villes de la Byzacène. C'est dans cette même région que se trouvaient les villes de Menegere et de Menegese qui ne paraissent nulle part dans les listes épiscopales, tandis que les anciens géographes les placent entre Cillium, Vegesela et Théveste.

DONAT. Il assista parmi les Évêques donatistes, en 411, à la Conférence de Carthage où, à l'appel de son nom, il dit [1] : *J'ai donné mandat et j'ai souscrit.* Mais il ne fait aucune mention d'un Évêque catholique.

[1] Cogn. 1. 187.

LXXXIV. — MIBIARCA.

Nous savons, par les actes du premier Concile de Latran, que Mibiarca était une ville de la province Byzacène. Mais il n'en est fait aucune mention dans les auteurs anciens et il n'est pas facile de dire d'où lui venait son nom.

JEAN. Il signa, un des premiers, la lettre du Concile de Byzacène adressée, en 641, à l'empereur Constantin, fils d'Héraclius, contre les Monothélites. Sa souscription porte : *Jean, par la grâce de Dieu, Évêque de la sainte Église de Mibiarca* [1].

LXXXV. — MIDICA.

Midica appartenait à la province Byzacène. On le voit par la Conférence où il est dit qu'elle est située près Taparura, aujourd'hui Sfaks, *secus Tapruram*. Il est certain, en effet, que cette dernière ville se trouvait dans cette province, quoique les auteurs lui donnent des noms différents ; car dans Pline elle est appelée Taphra ; dans Ptolémée, Taphrura ; dans l'Itinéraire et la Table de Peutinger, Taparura.

Notons que la Proconsulaire avait une ville épiscopale

---

[1] Hard. 3. 739.

du nom de Simidica. Il y avait aussi, à la limite de la Proconsulaire et de la Byzacène, une ville de Mediccera représentée aujourd'hui par Aïn Medeker et qu'il faut sans doute attribuer à la Byzacène. L'Itinéraire la place à six milles de Aggersel, ce qui correspond à Aïn Medeker. Or, Mediccera qui avait de l'importance, ne paraît pas sur les listes épiscopales.

MARC. Il était de la secte des Donatistes et il assista parmi eux, en 411, à la Conférence de Carthage où, à l'appel de son nom, il dit[1] : *J'ai donné mandat et j'ai souscrit ; je n'ai pas de compétiteur.* Sur quoi, Alype de Thagaste, un des sept mandataires que les catholiques s'étaient choisis, lui demanda : *D'où êtes-vous et quelle est votre ville ?* Marc lui répondit : *Midica est à côté de Taprura (secus Taprura a Midica,* dit un manuscrit) ; *Limenianus de Taprura me connaît.* Ce dernier était l'Évêque catholique.

LXXXVI. — MIDIDI.

Mididi, autrement Middi, à la manière de Tididi et Tiddi de la Numidie, était une ville de la Byzacène. Elle est appelée civitas Mididi, autrement Ididi et Indidi, dans la vie de saint Fulgence[2], mais ces variantes sont le fait des copistes, si elles ne sont des abréviations. Saint Ful-

[1] Cogn. 1. 187.
[2] Cap. 12.

gence et ses compagnons étaient venus des environs de Sicca pour fonder un monastère auprès de Mididi. C'est à droite de la route de Sufès à Assuras que se trouve l'henchir Meded, qui représente l'antique cité dont il a conservé le nom. Les ruines s'étendent le long d'un petit oued, appelé Es Souatin, sur lequel on voit les restes d'un pont romain. Il entoure de trois côtés le plateau sur lequel la ville était construite. On remarque, en outre, une citadelle, un forum orné d'un portique, un petit arc de triomphe, des thermes et une basilique. La nécropole présente des mausolées et une foule de tombeaux, ou chambres sépulcrales formées de quatre blocs verticaux que surmonte un bloc monolithe horizontal. Il y eut tout près de Mididi un monastère fondé par saint Fulgence de Ruspe [1].

Un monument de Rome nous offre le nom de Mididi [2].

```
       D . D . N . N . CRISPO . ET . CONSTANTINO
       IVNIORI . NOBILISSIMIS . CAESS . ET . COSS .
           III . NON juL ORDO MDI DI
         TANORUM HOSPITIUM AMICITIAMQVE
              FECIT CVM Q. ARADIO VAL PROCV
       LO V. C. PP. IPSVM LIBEROS POSTEROSQVE
           EIVS SIBI LIBERIS POSTERISQVE SVIS
                    PATRONVM COOPTAVIT
           Q. ARADIVS VAL PROCVLVS VC PRAE
              SES PP HOSPITIVM AMICITIAM
           QVE FECIT CVM ORDINE MDIDI
         TANORUM IPSOS LIBEROS POSTEROS
         QVE EORVM SIBI LIBERISQVE SVIS
            IN FIDEM CLIENTELAMQVE SVAM
           POSTERORVMQVE SVORVM RECEPIT
                     AGENTE ORDINE
```

[1] In vita. n. 23 et 32.
[2] Tissot. Fastes. p. 209.

Nous avons vu d'autres villes de la Byzacène se mettre sous le patronage des Aradii au commencement du quatrième siècle. Cette famille fut des premières à embrasser le christianisme.

Un texte, malheureusement incomplet, trouvé à Mididi même, donne l'ethnique sous une forme plus correcte [1] :

.... iN PRIVATO SOLO SVO SVIS SVMTIBVS ....
.... ANVS FILIVS EIVS PATRIAE SVAE civitatIS MIDIDIT.

SERENIEN. Il assista, en 411, à la Conférence de Carthage où, après la lecture de sa souscription, il rendit de son église ce témoignage [2] : *Elle est catholique.* Cependant, Pélerin de Sufès, Évêque des Donatistes, répliqua : *J'ai là le prêtre Victor ; c'est mon diocèse.* Serénien était un des sept conseillers catholiques à la Conférence.

EVODE, autrement Evhode. Il figure le sixième sur la liste des Évêques de la province Byzacène qui se rendirent à la réunion de Carthage, en 484, et furent ensuite condamnés à l'exil avec leurs autres collègues par le roi Hunéric.

LXXXVII. — MIMIANA.

Mimiana est un nom, s'il est exact, sur lequel les géographes ne nous donnent aucune lumière. Nous ne savons,

---

[1] Corpus. 609.
[2] Cogn. 1. 142.

à son sujet, que ce qu'en dit la notice, à savoir qu'elle appartenait à la province Byzacène.

Cependant, la table de Peutinger signale une ville de Lamniana à dix milles de Putput, à vingt-deux milles de Cubin et à six milles de Vina ; mais cette ville que l'on a identifiée avec les ruines de Selloum, paraît avoir été comprise dans les limites de la Proconsulaire. D'autre part, Procope mentionne la ville fortifiée de Mamma ou Mammès dans la région de Sufès.

SECONDIEN. Il figure le soixante-douzième sur la liste des Évêques de la Byzacène qui se rendirent à Carthage, en 484, et furent, avec tous leurs collègues de cette réunion, envoyés en exil par le roi Hunéric. La note *en exil*, ajoutée à son nom, indique peut-être qu'à l'époque où la notice de 482 fut annotée, cet Évêque était encore en exil.

LXXXVIII. — MOZOTCORI.

Mozotcori, autrement Moroteori, est attribuée par la notice de 482 à la province Byzacène. C'est un nom bien étrange dont les écrivains de l'antiquité ne disent rien. Une liste d'ethniques trouvée à Carthage mentionne les *Mizeo Terenen*(ses)[1]. Ximénès a lu sur un monument des environs de Bisica dans la Proconsulaire le nom du *muni-*(cipii) *Mizado Terene(nsis)*[2]. Il semblerait que ce terme répond à celui de *mediterraneus*..

[1] Corpus. 10530.
[2] Ibid. 1395.

FORTVNAT. Il figure le quatre-vingt-onzième parmi les Évêques de la Byzacène qui se rendirent à la réunion de Carthage, en 484, et furent condamnés à l'exil avec les autres Évêques par le roi Hunéric.

LXXXIX. — MVNATIANA.

C'était, sans doute, une villa ou un fundus des Munatii qui, suivant l'usage romain, lui auront donné le nom de Munatiana. Il est probable qu'elle se trouvait dans la province Byzacène, car son Évêque était au Concile de Cabarsussi avec ceux de cette province. A Ksar Guraï, sur la voie d'Ammædara à Théveste, un monument fut élevé, sur l'ordre de l'empereur Trajan, par Munatius Gallus, legatus pro prætore [1]. Le même personnage fonda la colonie de Thamugade et exécuta d'autres travaux dans la Numidie orientale. A lui peut-être revient l'honneur d'avoir donné son nom à la ville de Munatiana.

VICTORIN. Il était un des principaux parmi les Maximianistes et dans leur Concile de Cabarsussi, tenu en 393, il fut le premier à signer la lettre adressée alors aux Évêques de toutes les parties de l'Afrique. Mais le nom de son siège offre diverses variantes dans les manuscrits [2] et il est possible que Munatiana soit une mauvaise lecture de Septimunicia.

---

[1] Corpus. 10667. cf. 2355, 10186 et 10210.
[2] Aug. serm. 2. in ps. 36. 20.

XC. — MVTIA.

Comme la précédente, cette ville ne nous offre qu'un Évêque Maximianiste; elle appartient à la Byzacène comme la plupart des villes qui envoyèrent des Évêques à Cabarsussi. Mutia est connue par la table de Peutinger qui la met sur la voie de Carthage à Théveste, entre Althiburus et Ammædara, à seize milles de chacune de ces deux villes et à la même distance d'Obba. Dès lors, on est à peu près certain que Mutia est représentée par les ruines d'El Gheria, car un milliaire portant le chiffre cent cinquante y a été retrouvé et c'est précisément la distance qui séparait Mutia de Carthage par la voie de Membressa.

Les ruines peu remarquables d'El Gheria sont situées près de la koubba de Sidi Brahim Amor, à cinq milles au-delà de l'oued Serrat, sur la rive gauche de l'oued Megrassem.

LATIN. Il était, ainsi que nous venons de le dire, de la secte des Maximianistes avec lesquels il assista, en 393, au Concile de Cabarsussi. Il y signa la lettre synodale que saint Augustin nous a conservée [1]. Les manuscrits offrent les variantes Mugia, Mucia, Muciana et Mutia.

[1] In ps. 36. n. 20. serm. 2.

XCI. — MVZVCA.

La province d'Afrique avait un municipe de Muzuca, dont nous avons traité à propos de la Proconsulaire, et une cité de Muzuca qu'il faut placer dans la province Byzacène, car la notice de 482 l'attribue à cette province.

La cité de Muzuca a été retrouvée à Henchir Besra. Il est situé sur une éminence, au bord de l'oued Mahrouf, à huit kilomètres au sud-est de Furni et de Limisa. Les ruines sont peu étendues, mais de grandes colonnes y attestent l'existence de monuments considérables. Au point le plus élevé de la colline, s'élevait une forteresse byzantine. Les berges de la rivière étaient consolidées par des quais. Le nom de la ville se lit sur un de ses monuments [1] :

```
         IMP CAEs. l. Aur. Com.
          MODO AVg. germ. saR
         MATICo PIo . . . . . . . . II
         . . . . . . . TIS . . . . . . .
          IMP CAES M AVRELI AN
          TONINI AVG PP FILIO CI
          VITAS . MVZVCENSIS
                    P.
```

Cité, à l'époque de Commode, Muzuca fut plus tard honorée du titre de municipe, car les monuments épigraphiques mentionnent les curies de la ville.

RVFINIEN. Il se trouva d'abord à la Conférence de Carthage de l'année 411, où il rendit témoignage de son église

---

[1] Ephem. v. 1194.

en ces termes[1] : *Elle est tout entière catholique.* En 419, il assista encore au Concile de Carthage. Les actes qu'il signa en font foi [2], ainsi que le canon du Recueil où son nom paraît parmi ceux que déléguèrent les Provinces [3]. Il n'est guère probable que Rufinien soit l'évêque de Byzacène, réfugié dans une île de la Sicile dont parle l'auteur de la vie de saint Fulgence [4]. C'est plutôt un évêque de Victoriana.

INNOCENT. La notice le cite le quarante-deuxième parmi les Évêques de la province de Byzacène qui, s'étant rendus à Carthage, en 484, furent ensuite exilés par le roi Hunéric avec tous les autres Évêques que ce prince avait convoqués.

XCII. — NARA.

L'Itinéraire d'Antonin cite Nara entre Sufetula et Madasumma, à quinze milles de Sufetula et à vingt-cinq ou trente-deux milles de Madasumma. D'après ces données, on croit que Nara est représentée par les ruines importantes de Bir el Hafeï, sur les bords de l'oued Fekka, ou par celles de Hameïma qui sont aussi considérables et se trouvent sur la rive droite du même cours d'eau. La notice place aussi Nara dans la Byzacène.

[1] Cogn. 1. 128.
[2] Hard. 1. 1251.
[3] Ibid. 935.
[4] N. 26.

CRESCENTIEN. Il était de la secte des Maximianistes qui, en 393, tinrent le Concile de Cabarsussi contre Primien de Carthage. Nous lisons son nom parmi ceux des derniers signataires de la lettre synodale adressée à tous les Évêques d'Afrique pour les informer de la condamnation de Primien [1]. Il est fort probable que c'est le même que Crescentien d'Arena, ville attribuée à la Césarienne, qui assista à la Conférence de 411 parmi les catholiques.

IANVIER. Il était du nombre des Évêques donatistes qui, en 411, prirent part à la Conférence de Carthage. A l'appel de son nom, il répondit [2] : *J'ai donné mandat et j'ai souscrit.* Mais on ne fit aucune mention d'un évêque catholique de Nara.

VICTOR. La notice le porte le onzième parmi les Évêques de la Byzacène réunis à Carthage, en 484, et envoyés en exil par le roi Hunéric avec tous les autres Évêques.

XCIII. — NATIONA.

La ville de Natio, ou Nationa, était, d'après la notice de 482, située dans la Byzacène. Mais je ne vois, dans les anciens géographes, ni ce qu'elle était, ni quelles étaient les villes ses voisines.

---

[1] Aug. serm. 2. in ps. 36. n. 20.
[2] Cogn. 1. 206.

FAVSTIN. Il était du parti des Donatistes et il assista, en 411, à la Conférence de Carthage. A l'appel de son nom, il dit[1] : *Je n'ai pas de compétiteur ; j'ai donné mandat et j'ai souscrit.*

Au-dessus de la porte d'entrée d'une forteresse byzantine, à Henchir Bou Sebaa, sur la voie de Théveste à Capsa, c'est-à-dire en Byzacène, on lit une inscription mentionnant un évêque nommé Faustin. Elle est ainsi conçue[2] :

IN NOMINE DNI DI N ATQVE
SALBATORIS IHV XPI
TEMPORIB BIRI BEATISSIMI.
FAVSTINI EPSCI MEC MVNITIO FVNV
MASTICANA EX VNFO PROPRIO FECIT

Il faut lire : *Faustini episcopi sanctæ memoriæ hæc munitio Fundu Masticana et sumpto proprio fecit.* Le titre *beatissimus* se donnait d'ordinaire aux martyrs et confesseurs. On remarquera le terme munitio dont Nationa peut être une altération imputable aux copistes.

PIRASIVS. La notice le porte le soixante-quinzième sur la liste des Évêques de la Byzacène que le roi Hunéric condamna à l'exil avec les autres Évêques après la réunion générale à Carthage en 484.

---

[1] Cogn. 1. 208.
[2] Corpus. 2079.

XCIV. — NEPTA.

Nepte, la moderne Nefta, est une ville de la Byzacène méridionale, de la région de Thusurus, dans le Djérid actuel. La table de Peutinger place Aggar-sel-Nepte à trente milles de Thusurus, mais Nepte elle-même était à seize milles ou vingt-quatre kilomètres de Thusurus, aujourd'hui Tozer. L'anonyme de Ravenne qui, au neuvième siècle, a fait une compilation des géographes antérieurs, cite aussi Nepta.

L'oasis de Nefta conserve le nom ancien ; elle comprend neuf milles habitants et deux cent mille palmiers. La population est répartie en neuf villages établis sur les bords du Chott. La ville et le faubourg romain de la vieille Nepte sont recouverts par les sables qui envahissent l'oasis. Le barrage construit sur l'oued Nefta serait un travail antique. Le village qui porte le nom de Guetnar serait l'ancienne Nefta, plus tard Kastilia.

Nepte fut célèbre par l'admirable évêque et martyr dont nous allons parler et qui se nommait Lætus.

LAETVS. Il paraît le quatorzième sur la liste des Évêques de la Byzacène qui, d'après l'ordre du roi Hunéric, furent appelés à l'assemblée de Carthage, en 484. Il reçut la palme du martyre avant la tenue même de cette assemblée qui eut lieu en 484, mais après la formation de la notice qui fut dressée en 482. Victor de Vite rapporte [1], en effet, que Hunéric, avant la Conférence, *fit brûler vif, après les*

---

[1] Pers. Vaud. 2. 18

horreurs d'un long emprisonnement, un évêque, nommé Lœtus, qui était du nombre des Docteurs ; homme fort éminent par sa science et son courage. Il espérait, par cet exemple, épouvanter les autres et en venir à bout. Victor de Tonnone marque en ces termes, dans sa chronique, le jour de son martyre : *Lœtus, évêque de l'Église de Nepta, reçoit la couronne du martyre le douze des calendes d'octobre.* Dans nos martyrologes, on fait mémoire de ce saint martyr le huit des ides de septembre ; mais aucun de ces deux jours ne parait être celui de son martyre.

XCV. — OCTAVA.

Cette ville aura pris son nom soit de ce qu'elle était au huitième mille d'une autre cité, soit d'un personnage appelé Octave. On peut, en effet, citer beaucoup d'exemples prouvant que de semblables cas se sont présentés fréquemment dans l'antiquité. Mais nous ne savons rien d'Octava.

ALBIN. La notice l'énumère le trente-huitième parmi les Évêques de la Byzacène que le roi Hunéric condamna à l'exil avec leurs autres collègues, en 484, après les avoir convoqués en assemblée à Carthage.

XCVI. — OCTAVIA.

Outre Octava, la Byzacène eut une autre ville appelée Octavia. Il peut venir d'un domaine ou d'une villa des Octavii de Rome, comme on le voit pour d'autres lieux de la même province désignés par le nom des familles romaines qui y possédaient des domaines héréditaires.

SABINICVS. La notice l'énumère le vingt-quatrième parmi les Évêques de la Byzacène que le roi Hunéric convoqua, en 484, à la réunion de Carthage et condamna ensuite à l'exil avec leurs autres collègues, à cause de leur zèle pour la foi catholique.

XCVII. — PALMA.

Le seul Évêque connu de Balmia, autrement Belmia, Belma, Belina, sans compter plusieurs autres variantes, est celui qui assista au Concile de Cabarsussi. Dès lors, il est assez probable qu'il appartient à la province Byzacène. Or, les anciens auteurs n'indiquent aucune ville du nom de Beliana ou Belma; mais les géographes annoncent la station ad Palmam, située sur le littoral, au nord de Tacapas, au point où se voient aujourd'hui les ruines de l'oasis El Aïounet.

DONAT. Il fut du nombre des Évêques Maximianistes qui prirent part au Concile de Cabarsussi, en 393, et il signa la lettre synodale qui fut adressée à *leurs très saints frères et collègues de toute l'Afrique* [1].

XCVIII. — PEDERODIANA.

La notice place la ville de Pederodiana dans la province Byzacène. Mais on ignore ce qu'elle était et d'où elle avait pris son nom. Au sud d'Ammædara, se voit un groupe de ruines qui porte le nom d'Oum Federa.

ADEODAT. Il figure le quarante-sixième sur la liste des Évêques de la province Byzacène qui se rendirent, en 484, à la réunion générale de Carthage et prirent tous ensuite, avec leurs collègues, le chemin de l'exil, auquel les avait condamnés le roi Hunéric.

XCIX. — PRAECAVSA.

On ignore complètement quelle ville était Præcausa. La notice indique néanmoins qu'elle se trouvait dans la province Byzacène. Or, nous ne connaissons dans cette pro-

---

[1] Aug. serm. 2. in ps. 36. n. 20.

vince qu'un monastère dit de Præcisu qui était situé dans le diocèse de Lepti Minus. Nous savons aussi qu'un autre évêque, Adéodat de Pedero Diana, assistait à la réunion de 484 avec Adéodat de Præcausa.

ADÉODAT. Il figure le cinquante et unième sur la liste des Évêques de la province Byzacène qui se rendirent à la réunion de Carthage, en 484, et furent ensuite condamnés à l'exil par le roi Hunéric avec tous leurs collègues qu'il avait convoqués en même temps.

C. — PRAESIDIVM.

Præsidium était une ville de la province Byzacène, comme le montre la notice. Il n'est pas douteux que son nom ne vienne d'un poste militaire, comme il fut nécessaire d'en établir souvent contre les incursions des Barbares, les uns sur les bords de la mer, et les autres vers le sud-ouest. Il en est fait mention plus d'une fois dans les Tables de Peutinger. Ainsi, il y avait un Præsidium Silvani à Kasr ez Zit, entre Tacapas et Macomades ; un Præsidium Diolele, entre Capsa et Thusurus, et c'est peut-être le Præsidin que l'anonyme de Ravenne nomme entre Sufibus et Midias.

FAVSTE. La notice le nomme le soixante-seizième parmi les Évêques de la province Byzacène que le roi Hunéric fit exiler en 484, après la réunion de Carthage. Ruinart pense que Fauste subit, en Afrique même, la peine de son exil et que c'est lui dont il est dit dans la vie de saint Fulgence [1] qu'il était à la tête de son monastère. *C'était un évêque très estimable, lequel pour la foi catholique avait été condamné à l'exil non loin de son siège. Car le tyran Hunéric, persécutant quantité de Pontifes avec une méchanceté diabolique, avait voulu qu'ils endurassent les privations de l'exil non loin de leur patrie, en vue de les amener plus aisément à renoncer à leur Dieu. Dans le lieu même où on l'avait relégué, il s'était construit un monastère où il vivait saintement.* Plus loin, l'auteur dit encore [2] : *Il survint encore une persécution contre la foi qui contraignit l'évêque Fauste de sainte mémoire à fuir en diverses retraites et ne lui permit pas de résider constamment dans son monastère.*

Par ces passages, nous savons que tous les Évêques ne furent pas exilés hors de l'Afrique. Quelques-uns, après avoir été dépossédés de leurs églises et dépouillés de tous les honneurs de leur rang, obtinrent la permission de vivre dans la campagne, et c'est peut-être ce que veut dire la notice par l'annotation *en exil* ajoutée au nom de plusieurs d'entre eux.

La Byzacène, qui était l'apanage propre des rois Vandales, eut particulièrement à souffrir, et Victor de Vite nous apprend qu'en effet les Évêques de cette province furent plus violemment persécutés que les autres.

Eugène de Carthage et Habetdeum de Theudala furent exilés à Tamalluma, ville de Byzacène. Un Évêque, dont

---

[1] Cap. 8.
[2] Cap. 15. et 31.

le nom est inconnu et qui mourut vers la fin du cinquième siècle à Tanaramusa dans la Maurétanie césarienne, avait subi plusieurs et même de nombreux exils, probablement dans le genre de ceux que subit l'évêque Fauste dont nous venons de parler.

Nous ajouterons que le monastère de Fauste devait être voisin de Thélepte et que celle-ci n'est pas éloignée du Præsidium Diolele dont nous avons parlé.

CI. — PVTIA.

Putia, autrement Putizia, est le nom d'une ville que Ptolémée mentionne entre Capsa et Caraga. La table de Peutinger la place entre Mazatanzur et Aggar-sel-Nepte, à quatorze milles d'Aggar et à sept milles de Mazatansur. L'anonyme de Ravenne la nomme entre Tingimie et Aggar. Putea répondrait par conséquent aux ruines de Bir Rougaa ou de Biar Abdallah, situées au sud-ouest du grand Chott, l'ancien Triton. Il y avait, du reste, une autre Putea entre Tacapas et Sabrata.

FLORIEN. Il assista, en 411, à la Conférence de Carthage, dans laquelle sa souscription fut lue parmi les premières de ceux qui avaient signé le mandat. Elle était ainsi conçue [1] : *Florien, évêque de Putizia, j'ai souscrit ce mandat.* Comme Florien était Donatiste, Putizia pourrait

---

[1] Cogn. 1. 149.

être attribuée à la Numidie et être par suite distincte de Putia.

SERVANDVS. Il figure le dix-huitième parmi les Évêques de la Byzacène qui se rendirent à la réunion générale de Carthage, en 484, et furent ensuite envoyés en exil avec leurs autres collègues par l'ordre du roi Hunéric.

CII. — QVAESTORIANA.

On peut supposer que cette ville devait son nom à un quæstorium, ou demeure d'un questeur. C'est ainsi que Cicéron dit, au sujet de Plancius[1] : *Il me conduisit à Thessalonique et dans le Quæstorium*. C'était une ville de la province Byzacène, comme on le voit par ses Évêques, mais les géographes ne nous en disent rien.

VICTORIEN. Il figure le quatre-vingt-septième parmi les Évêques de la province Byzacène qui, sur la convocation du roi Hunéric, se rendirent à l'assemblée de Carthage, en 484, et furent ensuite exilés avec leurs autres collègues, à cause de leur profession de foi catholique.

ÉTIENNE. Il signa la lettre du Concile de la Byzacène adressée, en 641, à l'empereur Constantin, fils d'Héraclius, contre les erreurs des Monothélites. Il souscrivit en ces

[1] Orat. pro Planc. 41.

termes [1] : *Bienheureux Étienne, spes in Deo, Evéque de la sainte Eglise de Quæstoriana*. Le titre de bienheureux semble indiquer que cet Évêque mourut avant que la lettre ne fût envoyée à Rome et qu'il était honoré comme un saint.

CIII. — RVFINIANA.

Il est probable que, à l'origine, Rufiniana fut un domaine des Rufini, comme les Romains en eurent dans cette région, car la notice la place dans la province Byzacène.

Un monument de Thysdrus mentionne [2] un personnage de rang sénatorial, nommé Annius Rufinus.

MARIEN. Il assista, en 411, parmi les catholiques, à la Conférence de Carthage, et après avoir, à l'appel de son nom, répondu qu'il était présent, il ajouta, au sujet de son église [3] : *Elle a l'unité catholique*.

DONAT. Il figure le quatre-vingt-cinquième sur la liste des Évêques de la province Byzacène auxquels le roi Hunéric, après la réunion de Carthage, en 484, infligea ainsi qu'aux autres la peine de l'exil.

[1] Hard: 3. 740.
[2] Corpus. 51.
[3] Cogn. 1. 128.

CIV. — RVSPE.

Ruspæ était une ville de la Byzacène qui n'était pas sans importance. Elle était située sur le littoral, entre la ville d'Achulla et le municipe d'Usula. La table de Peutinger fixe Ruspæ à six milles d'Usula. Mais Ptolémée la place plus au nord, à la hauteur du Ras Kapoudia, et cette donnée répond parfaitement à la signification du mot Ruspæ, de sorte qu'il faudrait lire dans la Table vingt-six milles au lieu de six. Ruspæ serait donc représentée par Henchir Sbia, situé à quatre milles ouest du Ras Kapoudia. Son nom est resté au Koudiat Rosfa, qui est près du Ras el-Louza, et pour quelques-uns même ce serait l'emplacement de Ruspæ. Le Merasid de Safi ed Din fait mention de la ville de Rosfa, située en Afrikia sur le bord de la mer. Ruspæ fut surtout illustrée par Fulgence, son très saint Évêque, célèbre aussi par sa science ; c'est grâce à lui que le nom de Ruspæ est universellement connu. L'auteur de la vie de saint Fulgence, le diacre Ferrand, dit que Ruspæ était une belle ville et qu'il y avait dans son sein des sénateurs illustres [1]. Un de ceux-ci, nommé Posthumien, donna au saint Évêque une de ses propriétés pour y élever un monastère [2].

ETIENNE. Il figure le cent deuxième sur la liste des Évêques de la province Byzacène qui se rendirent, en 484, à la réunion de Carthage convoquée par le roi Hunéric et furent, par l'ordre de ce prince, exilés avec leurs autres collègues.

[1] n. 35.
[2] n. 38.

FVLGENCE. Il fut sacré Évêque en 508, alors que le roi Trasamond sévissait contre les catholiques, et il mourut en 533, après vingt-six ans d'épiscopat. C'est ce que Noris a établi d'après l'auteur de la vie de saint Fulgence, qui est, à ce que l'on croit, Ferrand, diacre de Carthage[1]. Il fut deux fois exilé par Trasamond et déporté en Sardaigne, où il mena la vie de moine qui avait fait aussi et qui fit encore ensuite ses délices à Ruspe. Il y rentra, après que, grâce à la bienveillance d'Hildéric, la paix fut rendue aux Églises et que les Évêques purent reprendre leurs sièges. Il fonda à Ruspe un monastère dont il confia la direction à l'abbé Félix. On honore saint Fulgence le premier et le dix-neuf janvier.

FELICIEN. Étant encore simple prêtre, il avait été, en Sardaigne, le compagnon d'exil de saint Fulgence, dont il fut le successeur immédiat[2], non sans une intervention surnaturelle de son prédécesseur[3]. Il assista, en 534, au Concile de Carthage réuni par Réparat. On s'y occupa[4] des privilèges des monastères sur la demande qu'il en fit lui-même, afin de savoir la conduite qu'il devait tenir au sujet du monastère de Ruspe. C'est à lui que fut dédiée la Vie de saint Fulgence que nous avons encore.

JVLIEN. Il signa la lettre du Concile de la Byzacène que quarante-trois Évêques adressèrent, d'un commun accord, en 641, à l'empereur Constantin, fils d'Héraclius, contre les erreurs des Monothélites[5].

[1] Hist. Pelag. Lib. 2. cap. ult.
[2] In vita. n. 1.
[3] Ibid. n. ult.
[4] Hard. 2. 1177
[5] Ibid. 3. 740.

Ruspe a eu plus tard des Évêques titulaires :

Vincent de Via, 19 décembre 1757 ;

Emmanuel Obeler, janvier 1778 ;

Georges de Varels, septembre 1796 ;

Édouard Bède Stater, 15 juin 1818 ;

Antoine Marie Buhadgiar, des Mineurs Capucins, auxiliaire du Vicaire apostolique de la Tunisie, par bref du 8 août 1884 ;

Spiridion Poloméni, promu au consistoire du 11 juillet 1892 et sacré à Carthage le 5 juillet précédent.

CV. — RVSPINA.

Pline compte Ruspina parmi les villes libres et la place avec Dion près Hadrumète [1]. Silius Italicus indique sa position dans un vers [2] : *Ruspina qui contemple de loin les flots perfides.* Il n'y a pas de doute que Ruspa et Ruspina ne fussent deux villes différentes, bien que Hardouin pense le contraire [3]. Car, outre Ptolémée, dont l'autorité n'a point convaincu ce savant, la table de Peutinger les distingue aussi toutes deux. Toutefois elle met vingt-cinq milles de distance entre Hadrumète et Ruspina, alors qu'il n'y en a que quinze entre Sousse et Monastir qui représente l'ancienne Ruspina. Le nom de Ruspina vient d'un promontoire, celui qu'on appelle aujourd'hui Sidi Mansour qui abrite le port de Ruspina. La ville s'étend à trois kilo-

---

[1] Lib. 42. p. 215.
[2] Lib. 3. v. 260.
[3] Emend. ad Plin. Lib. 5. 13.

mètres de là, au nord de la pointe, et devant elle est un mouillage. Hirtius nous apprend[1], en effet, qu'une distance de deux milles séparait la ville du port de Ruspina. Quant au nom de Monastir, il provient assurément de quelque monastère chrétien que les Arabes transformèrent en Ribat, établissement à la fois religieux et militaire comme les monastères de l'époque Byzantine. El Bekri a donné une description du Ribat de Monastir. La ville antique s'étendait au sud-est de celui-ci. On y a retrouvé des fragments de sculpture chrétienne et des mosaïques.

SECVNDVS de Ruspita assista, en 411, avec les Évêques catholiques, à la Conférence de Carthage où, à l'appel de son nom, il répondit qu'il était présent, et il ajouta, estimant avec raison que c'était le bonheur de son Église : *Mais je n'ai point d'Évêque contre moi*[2]. Ruspita pour Ruspina ne doit pas nous surprendre ; toutefois on pourrait attribuer cet Évêque à Ruspa, car on peut lire dans les actes Ruspitanus au lieu de Ruspensis, et c'est ce qui est arrivé pour d'autres villes qui ont eu l'une et l'autre forme ethnique.

CVI. — SASSVRA.

Sassura est placée par la notice dans la province Byzacène, mais son nom est étrangement altéré, puisque les manuscrits portent Arsura et Sasura. Or, la table de Peu-

---

[1] Bell. afric. cap. 9.
[2] Cogn. 1. 121.

tinger, décrivant la route d'Hadrumète à Thysdrus, place la station de Sassura vicus à douze milles de Thysdrus et à neuf milles d'Avidu Vicus. A la distance marquée, on remarque encore aujourd'hui des ruines assez étendues comprenant un système de citernes alimenté par un canal qui se prolonge dans la direction de Zeremdine: Ces ruines que les Indigènes appellent Henchir ez Zaouadi, sont probablement celles du bourg de Sassura. Hirtius mentionne cette ville dans le livre de la guerre d'Afrique [1] et Ptolémée ne l'a point oubliée.

SERVIVS. La notice donne ce nom le soixante-septième parmi ceux des Évêques de la Byzacène convoqués à Carthage, en 484, par un édit du roi Hunéric, puis envoyés en exil avec tous leurs autres collègues.

BONIFACE. Il souscrivit en ces termes parmi les autres Évêques à la lettre synodale du Concile de la Byzacène : *Boniface, par la grâce de Dieu, Evêque de la sainte église de Sasura* [2]. Ces Évêques écrivaient alors, c'est-à-dire en 641, à l'empereur Constantin, fils d'Héraclius, contre les Monothélites.

---

[1] Cap. 75. 76.
[2] Hard. 3. 741.

CVII. — SCEBATIANA.

Les géographes ne disent rien sur Scebatiana. Nous savons cependant par la notice que cette ville était située dans la Byzacène. Il y a encore une bourgade nommée Scheba et un groupe de ruines nommé Chobta au sud de Sullectum.

VICTORIN. Il figure le quarante-cinquième parmi les Évêques de la Byzacène qui, en 484, sur l'ordre du roi Hunéric, se réunirent à Carthage et furent envoyés en exil avec leurs autres collègues.

CVIII. — SEGERMES.

Segermes était située dans la Byzacène et avait le titre de Municipe, comme le confirment les inscriptions trouvées à Henchir Harat, à neuf milles de Zaghouan. Elle avait déjà ce titre au temps de Probus. Son nom était alors Municipium Aurelianum Augustum Segermes, d'après la dédicace suivante[1] :

IMP CAES M AVRELIO
PROBO PIO FELICE
AVG PONT MAXIMO

[1] Corpus. 910

TRIB POT III COS II
PP PROCOS MVNI
CIPIVM AVR AVG SEGER
MES DEVOTVM NV
MINI MAIESTATI
QVE EIVS DD PP

Segermes, située entre Carthage et Hadrumète, sur une voie très fréquentée, est cependant passée sous silence par les géographes et elle n'est connue que par les monuments ecclésiastiques.

NICODEME, autrement Nicomède. Cet Évêque se rendit à Carthage pour le troisième Concile tenu sur la question du Baptême par saint Cyprien, en 255. Il y donna son avis le neuvième [1].

FELIX. Il assista, en 411, dans les rangs des Évêques catholiques, à la Conférence de Carthage. Il y eut pour adversaire le donatiste Restitut qui l'entendant appeler, dit [2] : *Je le connais.* Appelé à son tour, il répondit [3] : *J'ai donné mandat et j'ai souscrit.*

RESTITVT. La notice le mentionne le quatre-vingt-dix-neuvième dans la liste des Évêques de la Byzacène qui, appelés à l'assemblée de Carthage, en 484, par ordre du roi Hunéric, furent ensuite exilés avec leurs autres collègues. A son nom est ajoutée la note *en exil*.

FELIX. Il souscrivit la lettre que les Pères du Concile de la Byzacène écrivirent d'un commun accord, en 641, à

---

[1] Hard. 1. 170.
[2] Cogn. 1. 126.
[3] Ibid. 198

l'empereur Constantin, fils d'Héraclius, contre les nouveautés des Monothélites [1]. Il y est appelé : *Félix, par la grâce de Dieu, Évêque de la sainte Église du Municipe de Segermes.*

D'après la notice de l'empereur Léon le Sage, Segermes avait encore un Évêque en 883.

CIX. — SEPTIMVNICIA.

Septimunicia était située dans la Byzacène. L'Itinéraire d'Antonin la place entre Madasumma et Tabalta, à vingt-cinq milles de Madasumma et à vingt milles de Tabalta, sur la voie d'Assuras à Thenæ. On a cru la retrouver à Oglet el Metnen, autrement Henchir el Blida, au point où la route de Kairoan à Tacapas croise celle de Taparura à Capsa.

Quoi qu'il en soit, la notice attribue également Septimunicia à la province Byzacène.

Un Concile y fut célébré, nous le savons par le diacre Ferrand qui en rapporte six canons [2].

DATIANVS. Il assista, en 393, au Concile de Cabarsussi avec les Maximianistes. Son nom varie beaucoup dans les manuscrits.

PASCASE La notice le nomme le troisième parmi les

---

[1] Hard. 3. 740.
[2] Hard. 1. 1251.

Évêques de la Byzacène qui se rendirent à l'assemblée de Carthage, en 484, et furent ensuite exilés par le roi Hunéric avec leurs autres collègues.

CX. — SEVERIANA.

La notice nous apprend que Severiana, autrement Seberiana, était une ville de la Byzacène. Elle devait, vraisemblablement, son nom à l'empereur Sévère. Mais son origine est demeurée inconnue. Serait-ce la même ville que Scebatiana, autrement Serbatiana ? Il y aurait eu alors double emploi dans la notice comme pour Mactaris et Aquæ Albæ.

VICTORIN. Il est le dixième sur la liste des Évêques de la Byzacène que le roi Hunéric exila, en 484, avec leurs autres collègues, après la réunion de Carthage.

CXI. — SVFES.

Le nom de la ville est Sufes, qu'on employait cependant comme indéclinable sous la forme Sufibus, même à l'accusatif, et cette forme est restée jusqu'aujourd'hui dans le nom de Sbiba, de même que Lorbes représente Lares et Laribus de la province Proconsulaire. Cette ville, c'est-à-dire Sufes, est mentionnée par l'Itinéraire d'Antonin entre Tucca Terebinthina et Sufetula, à vingt-cinq milles de Tucca, à la même distance de Sufetula et à vingt-huit milles de Marazana. Elle était donc dans la Byzacène, mais loin du littoral. Saint Augustin l'appelle colonie en tête de la lettre qu'il écrivit aux *auctoribus ac principibus vel senioribus coloniæ Suffectanæ*[1], pour se plaindre énergiquement du massacre de soixante chrétiens que l'Église romaine honore, dans son martyrologe, le trois des calendes de septembre. *Chez vous*, leur dit-il, *on a versé le sang innocent de soixante de nos frères et ceux qui en ont tué le plus ont été comblés de louanges et ont eu les premières places dans votre curie.* D'où il ressort que, à l'époque d'Augustin, le plus grand nombre des décurions de Sufes s'adonnaient encore aux superstitions anciennes. Ils avaient excité à ce massacre parce que les chrétiens avaient brisé une statue d'Hercule. Les ruines de Sbiba ont fourni précisément une inscription qui atteste le culte d'Hercule et nous fait connaître le jour même de la fête païenne. Voici ce monument[2] :

Spl ENDIDISSIMVS . ET
FELICISSIMVS . ORDO
COL . SVFETAN ae
P. MAGNIO . AMANdo
P.P. INTER . QVIN quennali
CIOS . ADLECTO QVi præ
TER . SVMM. HONOrariam
FLAMONI . PP. ET . QVINQVEN
NALITATIS . AMPLIVS . H̄SL . N

[1] Ep. 50.
[2] Corpus. 262.

```
        OBTVLERIT EX CVIVS QVANTI
        TATIS VSVRIS QVOD ANNIS
        XII K NOV DIE NATALI DEI
        HERC GENI PATRIAE DIVISI
           ONES DEC DANTVR
         Q. MAGNIVS MAXIMVS
        FLAVIANVS FIL EIVS EQR
         HONORE CONT . SP FET
         OB DEDIC . SPORTVLAS
           DEDIT . L . DDD
```

Le titre de colonie y est confirmé à la ville qui avait du reste porté celui de Castellum, d'après cet autre texte [1] :

```
          M . GENTIO QVAR
          TO CIVI CASTELLI
          SVF . M . GENTI
          VS .. QVARTINVS
          VETERANVS . FI
            LIVS . FEC
```

Nous savons, par un autre monument, que le nom de la colonie était *colonia Aurelia-Sufetana* [2].

Un Concile y fut célébré l'an 524 [3]. Saint Fulgence, évêque de Ruspe, y brilla par sa modestie, car il demanda avec instance aux Pères du Concile de faire prendre le pas sur lui à l'Évêque Quodvultdeus, que, peu de temps auparavant, le Concile de Junca avait jugé devoir céder à Fulgence.

Une inscription grecque qui portait le nom de Justinien, celui de son épouse Théodora, et celui de Salomon, maître de la milice, prouve que Sufes fut restaurée et fortifiée après la conquête Byzantine [4].

---

[1] Corpus. 258. Cagnat nouv. Explor. p. 66.
[2] Corpus. 258.
[3] In vita. 29.
[4] Corpus. n. 259.

Sbiba, le nom actuel, répond à l'ancien Sufibus et le nom de la plaine voisine, Bahiret Siftan, rappelle l'antique ethnique. Les ruines de Sufes, dont le pourtour peut être évalué à quatre milles, couvrent un plateau ondulé que baigne l'oued Sbiba. Les restes les plus remarquables sont ceux de deux basiliques, dont la principale, ornée de trente-six colonnes encore debout et disposées sur six rangs, avait été transformée en mosquée.

Sufes paraît être le mot berbère Souf, rivière, à cause de l'abondance de ses eaux.

En 883, selon la notice de Léon le Sage, Sufes avait encore un Évêque.

PRIVAT. Cet Évêque assista, en 255, au Concile de saint Cyprien sur la question du Baptême des hérétiques. Il y donna son avis le vingtième [1].

MAXIMIN. Il assista, en 411, à la Conférence de Carthage, parmi les Évêques catholiques, mais un peu en retard ; car il n'avait pas signé le mandat. C'est pourquoi, lorsque le tribun et notaire Marcellin lui demanda [2] : *Approuvez-vous le mandat ?* il répondit : *Je le donne et j'approuve.* Dans la même assemblée, Maximin intervint au sujet de l'Évêque de Zella [3]. Il avait pour compétiteur un donatiste ardent, du nom de Pèlerin, qui l'avait devancé. Quand l'Évêque de Mididi eut déclaré que son église était catholique, Pèlerin répliqua [4] : *C'est mon diocèse, j'y ai un prêtre nommé Victor.* Interrogé à son tour, il ré-

---

[1] Hard. 1. 170.
[2] Cogn. 1. 215.
[3] Ibid. 163.
[4] Cogn. 1. n. 142.

pondit[1] : *J'ai donné mandat et j'ai signé.* Maximin vécut jusqu'en 419, année où sa province le chargea de la représenter au Concile de Carthage. Son nom se lit dans la préface du septième Concile et aussi dans les signatures avec des variantes considérables[2].

EVSTRATE. Victor de Vite le mentionne parmi les Évêques catholiques exilés par Genséric sous la fausse accusation d'avoir attaqué dans leurs sermons les actes de ce prince[3]; mais on voit clairement qu'il rentra ensuite de son exil, car on le retrouve le vingt et unième sur la liste des Évêques de la Byzacène que le roi Hunéric exila, en 484, après l'assemblée de Carthage. Les martyrologes latins en font mémoire le vingt-huit novembre, mais il est communément appelé Eustache.

CXII. — SVFETVLA.

L'Itinéraire d'Antonin, en indiquant plusieurs voies qui reliaient Sufetula aux villes voisines, montre bien que c'était une place importante. Il met, en effet, Sufetula à trente milles d'Autenti, à la même distance de Vegesela, à vingt-cinq milles de Sufes, à quinze milles de Nara, à trente-cinq milles de Masclianæ et à vingt-cinq de Cillium. Son importance, du reste, est démontrée encore par son

[1] Cogn. 1. 187.
[2] Hard. 2.
[3] Pers. Vaud. 1. 7.

antiquité, car c'est la Suthul de Salluste[1] où Jugurtha avait renfermé ses trésors. La description que cet auteur en donne ne peut s'appliquer qu'à Sufetula. Les monuments retrouvés à Sbeïtla, qui est l'ancienne Sufetula, nous font connaître la vraie forme de son nom et son titre de colonie. Un texte porte[2] :

```
          M . MAGNIO
        SEVERO . FL . P . P .
          CIVI INCOM
           PARABILI
          OB . MERITA
          SPLENDIDISSI
          MVS . ORDO
          SVFETVLENSIS
           D . D . P . P
```

On lit sur un autre monument ce qui suit[3] :

```
   ——————————————— SPLENDIDIS
SIMVS ORDO ET VNIVERSVS POPVL .
  CVRIARVM . COL . SVFETVLENSIS
            etc.
```

Le diacre Ferrand nous apprend qu'un Concile fut tenu à Sufetula et il en a publié un canon[4], mais nous ne savons pas en quelle année il eut lieu. Quant aux martyrs que le martyrologe romain attribue à la colonie de Sufetula, ils appartiennent certainement à celle de Sufes, comme nous l'avons marqué en son lieu.

Sufetula est située au centre d'une immense plaine ; la

---

[1] Cap. 36.
[2] Bull. des ant. afric. 1885. p. 229.
[3] Ibid. p. 232.
[4] Hard. 1. 1252.

ville antique couvre une plate-forme semi-circulaire baignée par l'oued Sbeïtla. C'est le *prærupti montis* avec la *planities limosa* de Salluste. Les rues et les places de la ville sont encore distinctes et la plupart des monuments sont encore debout. Une grande et large rue traversait la ville du nord au sud et était coupée à angles droits par trois rues parallèles. Elle commençait, au nord, par un arc de triomphe et finissait, au sud, entre deux édifices carrés.

On remarque, à Sbeïtla, un second arc de triomphe, plusieurs temples, dont un capitolin précédé d'un péribole de cent quarante et un pas de longueur et de soixante-sept pas de largeur. Un pont de trois arches, qui servait aussi d'aqueduc, réunissait la ville à son faubourg, situé sur la rive gauche. Il n'y a plus que des restes de l'amphithéâtre et du théâtre.

Mais ce qui nous intéresse davantage, ce sont les basiliques de Sufetula. Il y en avait une dans l'enceinte des trois temples du Capitole, une autre près du théâtre et deux autres vers le nord-ouest. Elles sont toutes terminées en abside et présentent trois nefs séparées par deux rangées de colonnes. Dans l'une de ces basiliques on a retrouvé les restes d'un *ciborium*. Sur un linteau qui a dû appartenir à une église on lit ces mots[1] :

HIC DOMVS † ORATIONIS

Les fragments de sculpture chrétienne y sont très nombreux.

C'est à Sufetula que le patrice Grégoire perdit l'Afrique avec la vie.

[1] Ephem. vii. n. 57.

PRIVATIEN. Il donna son avis le dix-neuvième dans le troisième Concile tenu par saint Cyprien sur la question du Baptême, en l'an 255 [1].

IVCVNDVS. Il est cité en premier lieu parmi les Évêques catholiques qui assistèrent, en 411, à la Conférence de Carthage. Quand il eut répondu, à l'appel, qu'il était présent, Titien, donatiste, se présenta et dit [2] : *Je le connais.* A l'appel de son nom parmi ceux de sa secte, lui-même répondit [3] : *J'ai donné mandat et j'ai souscrit.* Jucundus revint une seconde fois à Carthage, en 419. Il fut le premier des délégués de la Byzacène au Concile de cette année, célébré par Aurèle, et il y souscrivit immédiatement après les délégués de la Numidie et de la Maurétanie sitifienne [4].

PRAESIDIVS. Victor de Vite parle de lui et de Donatien de Vibiana, à l'occasion de la déloyauté du roi Hunéric qui éloignait les Évêques remarquables par leur érudition et leur intelligence, de crainte que les Ariens dont il était le patron, ne succombassent dans la lutte [5]. *Déjà*, dit-il, *après leur avoir fait donner cent cinquante coups de bâton, il avait envoyé en exil pour la seconde fois Donatien de Vibiana, ainsi que Præsidius de Sufetula, homme d'un esprit distingué.* Les martyrologes romains les nomment tous deux, avec leurs compagnons, le troisième jour après les nones de septembre.

---

[1] Hard. 1. 170.
[2] Cog. 1. 126.
[3] Ibid. 203.
[4] Hard. 1. 1250.
[5] Pers. Vaud. 2. 16.

On retrouve Præsidius dans la notice de 482 et il est le vingtième sur la liste des Évêques de la Byzacène que le roi Hunéric exila, en 484, après l'assemblée de Carthage.

CXIII. — SVLIANA.

Nous avons parlé de Suliana, autrement Sulianæ, à l'article d'Auru Suliana. Il faut la distinguer de Sulli ou Silli de Numidie et de Sululi de la Proconsulaire. Du reste, nous ne connaissons aucun de ses Évêques. Mais nous savons que quand fut dressée la liste de 482, l'Église de Suliana était vacante. C'est pourquoi elle fut comptée parmi les six villes de Byzacène qui n'avaient pas d'Évêque. Une *Ala Siliana* campait en Afrique jusque sous Néron[1], mais Siliana est différent, à notre avis, de Suliana.

CXIV. — SVLLECTVM.

Sullectum, autrement Sublectum, était une ville de la Byzacène, située sur le littoral, entre Leptis et Hadrumète. La table de Peutinger la place à douze milles d'Achulla et à quinze milles de Thapsus. Le stadiasme, l'anonyme de

[1] Tacit. hist. 1. 70.

Ravenne, après l'historien Procope, en font mention. C'est là qu'aborda d'abord la flotte de Bélisaire, dans la guerre contre les Vandales, alors que l'empereur Justinien reprit l'Afrique [1].

Elle porte aujourd'hui le nom de Selecta et ses ruines couvrent le promontoire appelé Ras Djéboura. Une digue protégeait la petite anse qui formait le port principal. A un mille plus au sud, deux môles défendaient le bassin dépendant du Castrum dont l'enceinte mesure plus de deux cents pas sur chaque face.

A quatre kilomètres de la ville, au lieu dit Arch Zara, on a récemment découvert une vaste nécropole, sorte de catacombe chrétienne semblable aux catacombes de Rome et d'Hadrumète. Une des galeries se termine par une abside, comme il s'en voit aussi dans les catacombes de Rome, de la Sicile, d'Alexandrie d'Égypte. Voici un texte funéraire provenant de cette nécropole [2] :

REDDITIO
CASTVLAE . S
III . IDVS . IVLIAS

D'après une autre épitaphe trouvée à Sullectum, un enfant d'Apamée de Syrie aurait eu sa sépulture en cette ville d'Afrique [3] :

HIC IOHANNES IACET EX Ge
NERE PROBINCIE SVRIE APA
MIA FIDELIS IN $\overline{DO}$ BICXIT IN
PACE MENSES GIII V d. KL. IA
NVARIAS INDICTIONI
G

---

[1] Proc. Bell. Vaud 1. 16.
[2] Bull. arch. 1886. p. 216.
[3] Corpus. 57.

Si les Syriens fréquentaient le port de Sullectum, les habitants de cette ville fréquentaient le port d'Ostie, car une épitaphe de cette dernière mentionne *P. Cæsellius Felix civis Sullecthinus* et son épouse *Pomponia Licinia* [1].

MARCIEN. Il fut un des douze consécrateurs de Maximien de Carthage qui furent condamnés, en 394, par le synode de Bagaï, comme coupables d'un crime énorme, auquel cependant ne le cédait en rien celui des Primianistes eux-mêmes [2].

PROFICIVS. La notice le mentionne le quatre-vingt-treizième sur la liste des Évêques de la Byzacène qui se rendirent à l'assemblée de Carthage, en 484, et furent, par l'ordre du roi Hunéric, envoyés en exil avec leurs autres collègues.

Procope rapporte qu'en 533, Bélisaire envoya Moraïdes à Sullectum avec quelques soldats pour s'assurer des dispositions des habitants. Il ajoute qu'étant entré dans la ville, Moraïdes réunit sans bruit l'Évêque et les principaux citoyens pour leur exposer la mission dont l'avait chargé Bélisaire, et qu'il obtint d'eux sans difficultés qu'ils lui enverraient eux-mêmes les clefs de la ville [3].

---

[1] Corpus. post 10501.
[2] Aug. cont. Crescon. 4. 4.
[3] Bell. Vaud. 1. 16.

CXV. — TABALTANA.

Tabalta était une ville de la province Byzacène. Elle était, comme nous l'apprend l'Itinéraire d'Antonin, à vingt milles de Septimunicia, à quinze milles de Macomades et à trente milles de Cellæ. Cependant, sa position n'a pas été jusqu'ici déterminée, bien que les deux villes de Thenæ et de Sufetula auxquelles elle était reliée soient parfaitement connues.

D'autre part, nous croyons qu'il ne faut pas la confondre avec Thasbalta ni avec Tepelta de la Proconsulaire.

MAXIMIEN de Sabaltana assista, en 393, au Concile de Cabarsussi dans lequel les Maximianistes condamnèrent Primien de Carthage, et il souscrivit la lettre qui fut alors adressée à tous les Évêques d'Afrique [1]. Il reste, toutefois, une réelle incertitude sur le nom et sur le siège de cet Évêque, à cause des nombreuses variantes qu'offrent les manuscrits.

NINVS. Il assista, en 397, au Concile de Carthage, où il souscrivit le cinquième [2].

---

[1] Aug. serm. 2. in ps. 36. n. 20.
[2] Hard. 1. 974.

CXVI. — TAGARBALA.

Tagarbala, comme le porte la notice, ou Tagarbola, si l'on veut donner la préférence au manuscrit de Haller sur celui de Laon, était une ville de la Byzacène, la même peut-être que Agarlabas, aujourd'hui Tamera, située selon l'Itinéraire d'Antonin entre les Aquas de Tacapas et Turris Tamalleni, à trente milles de l'une et de l'autre.

FORTVNATIEN. Il figure le quatre-vingt-troisième parmi les Évêques de la Byzacène qui se rendirent à la réunion de Carthage, en 484, et furent ensuite exilés avec tous les autres Évêques par le roi Hunéric qui les avait convoqués.

CXVII. — TAGARIA.

Ptolémée mentionne Targarum dans la province Byzacène où la notice place aussi Tagaria. Si ces deux appellations désignent une même ville, il faudrait la rechercher dans la région d'Hadrumète.

BENENATVS. Il assista, en 393, au Concile de Cabarsussi, où Primien de Carthage fut condamné par les partisans de Maximien.

FELIX. Il était de la secte des Donatistes parmi lesquels il assista, en 411, à la Conférence de Carthage où, à l'appel de son nom, il dit [1] : *J'ai donné mandat et j'ai souscrit,* sans faire mention d'un Évêque catholique.

HONORAT. La notice le porte le trente-septième sur la liste des Évêques de la Byzacène qui se rendirent, en 484, à la réunion de Carthage et furent ensuite exilés par le roi Hunéric avec tous leurs autres collègues.

CXVIII. — TALAPTVLA.

C'est une ville que nous croyons être distincte de Thelepte, mais dont les géographes ne parlent pas.

DATIEN. Parmi les Évêques donatistes qui parurent à la Conférence de Carthage, en 411, se trouva Dacien de Telepte [2], auquel on ne connaît point d'adversaire catholique. Car Donatien, évêque catholique de Thelepte, avait contre lui le donatiste Bellicius. Nous pouvons donc attribuer Dacien à Talaptula, à moins qu'on ne veuille reconnaître deux Évêchés donatistes de Thelepte. Cet Évêque [3] peut être celui qui est appelé de Tamiceta et qui assista au Concile de Cabarsussi en 393.

VINITOR. Il figure le cent troisième parmi les Évêques de

---

[1] Cogn. 1. 201.
[2] Cf. Septimunicia.
[3] Aug. in ps. 36. serm. 2.

la Byzacène que le roi Hunéric avait appelés à l'assemblée de Carthage en 484, et qu'il condamna tous à l'exil comme les autres Évêques.

CXIX. — TAMALLVMA.

L'emplacement de Tamalluma est fixé par Victor de Vite, lorsqu'il parle des cruautés d'Antoine, Évêque arien, qui y demeurait. « *Il était*, dit-il [1], *dans une ville,* qu'il appelle un peu plus bas *Tamalluma, proche du désert et voisine de la province Tripolitaine.* » Ce renseignement est confirmé par les plaintes des légats que Libérat, Primat de la Byzacène, envoya, au nom du Concile de Junca, à Boniface de Carthage. Ils se plaignaient, en effet, de l'Évêque de Girba qui appartenait à la province Tripolitaine, et demandaient à ce qu'il fût averti d'avoir à *renoncer aux centres de population qu'il paraissait avoir usurpés sur l'église de Tamalluma* [2].

Nous aurons de nouveau à parler de cette ville à l'occasion de Turris Tamalleni, autrement Tamalluma. Nous dirons seulement qu'il y a entre Tacapas et le Chott un oglet Telemin et plus loin l'oasis du même nom. Les ruines de l'oasis de Telemin représentent assurément Tamalluma, ville située sur la grande voie de Tacapas à Leptis-la-Grande. C'est à Tamalluma que fut exilé Eugène, le saint Évêque de Carthage.

[1] Pers. Vaud. 5. 11.
[2] Hard. 2. 1085.

HABETDEVM. Il figure le cinquante-cinquième sur la liste des Évêques de la Byzacène qui se rendirent à la réunion de Carthage, en 484, et furent ensuite, par ordre du roi Hunéric, exilés avec leurs autres collègues. Il ne faut pas confondre Habetdeum de Tamalluma avec Habetdeum de Theudala. Celui-ci fut exilé à Tamalluma avec Eugène de Carthage.

Ce qu'il eut à souffrir de la part d'Antoine, Évêque arien, pendant son exil, Victor de Vite nous le fait connaître [1]. Car, après avoir parlé d'Eugène, il s'exprime en ces termes : *Un autre de nos Évêques fut exilé de même dans la ville de Tamalluma, où se trouvait Antoine; ce qui suffit à faire comprendre ce qu'il a dû souffrir.*

Cependant Habetdeum de Theudala put se rendre de Tamalluma à Carthage et le même Victor de Vite rapporte qu'il adressa au roi ces paroles : *Qu'avez-vous à faire encore, je vous le demande, contre des proscrits? Que pouvez-vous ajouter aux mauvais traitements de ceux que vous avez exilés? Vous leur avez enlevé les moyens de vivre; vous les avez arrachés de leurs églises, de leur patrie, de leurs foyers. Il ne nous reste plus que notre âme et vous vous efforcez encore de la réduire en servitude* [2].

---

[1] Pers. Vaud. 5. 12 et 16.
[2] Ibid.

CXX. — TAMAZA.

Nous connaissons la ville de Tamaza, autrement Tamata, par les actes du premier Concile de Latran, qui nous apprend que cette ville appartenait à la Byzacène, comme Tamalla ou Tamalluma dont il se peut qu'elle ne diffère pas. Car les anciens géographes n'en parlent point et on n'en trouve trace dans aucun autre écrivain de l'antiquité.

Il convient d'observer qu'une variante porte Tamateni, ce qui se rapproche beaucoup de Tamalleni qui répond à Tamalluma, la moderne Telmin.

THÉODORE. Il signa le seizième la lettre adressée, en 641, par le Concile de la Byzacène à l'empereur Constantin, fils d'Héraclius, contre les Monothélites. Dans sa souscription il est appelé *Evêque de la sainte Église de Tamata ou Tamasa* [1].

CXXI. — TAMBEI.

La ville de Tambeï était dans la Byzacène, comme l'atteste la notice. C'est peut-être la Thabba de Ptolémée, que celui-ci place dans la région de Sassura et Gilma. Elle eut, sous le roi Hunéric, des martyrs célèbres, dont parle Victor

[1] Hard. 3. 759.

de Vite[1]. Ils étaient originaires d'Aquæ Regiæ et Tambeï était, sans doute, dans le voisinage de cette ville. Du reste, son nom offre de nombreuses variantes, telles que Tambaïa, Tambada, Tambala, Tambiana, etc.

SECVNDIEN. Il donna son avis le quatre-vingtième dans le Concile de Carthage de 255, le troisième de ceux que tint saint Cyprien sur la question du Baptême[2]. Il est appelé martyr et c'est peut-être celui qui est honoré en Afrique le 13 et le 14 mai.

GEMELLVS. Il fut du nombre des Donatistes, partisans de Maximien, qui prirent part, en 393, au Concile de Cabarsussi, où Primien fut condamné. Il signa la lettre adressée par ce Concile à tous les Évêques de l'Afrique[3].

SOPATER. Il assista, en 411, parmi les Évêques catholiques, à la Conférence de Carthage. Lorsque, à l'appel de son nom, il eut répondu qu'il était présent, le donatiste Faustin, son compétiteur, se présenta et dit[4] : *Je le connais*. Puis, à son appel parmi les siens, il ajouta[5] : *J'ai donné mandat et j'ai souscrit*.

SERVVS DEI. La notice le nomme le treizième, parmi les Évêques de la Byzacène, que le roi Hunéric, après la réunion de Carthage, en 484, condamna à l'exil avec ses autres collègues.

---

[1] Pers. Vaud. 5. 5.
[2] Hard. 1. 170.
[3] Aug. 2 serm. in ps. 36. n. 20.
[4] Cogn. 1. 128.
[5] Ibid. 198.

CXXII. — TAPARVRA.

Taparura, autrement Taprura, est une ville connue de la province Byzacène. La Table de Peutinger la place, sur le littoral, à vingt milles de Thenæ. En réalité, elle est à vingt milles de Usula et à huit milles de Thenæ, car, d'après les indications de Ptolémée, Pomponius Mela et Pline, Taparura doit être la ville actuelle de Sfax. Récemment, on a retrouvé à Sfax une nécropole chrétienne, au sud de la ville, sous la Kasba, et une seconde au nord sur le bord de la mer. Dans la nécropole du sud, on remarque un curieux baptistère tout recouvert de mosaïques et qui devait appartenir à une basilique.

Les sépultures se faisaient parfois dans d'énormes jarres que fermaient des bouchons de plâtre ; elles étaient recouvertes de mosaïques avec inscriptions, suivant la teneur suivante :

BONE MEMORIAE
ATTIA QVINTVLA
DORMIT IN PACE D
E XII KAL AVG VIXIT
ANNIS XXIII DIES
XXVIIII P ETO III

BONE ME
MORIE PAV
LINE BIXIT
MEN . III DO
R IN PACE
IN CHRISTO

D'ordinaire le chrisme, la colombe portant le rameau et de riches feuillages accompagnent ces épitaphes.

L'épitaphe suivante est gravée sur marbre [1] :

```
MEMORIAE
AETERNAE
CONSORTIOLAE
IN PACE
```

Sfax est restée jusqu'aujourd'hui une ville importante.

LIMENIEN. Il se rendit à Carthage, en 411, pour y assister à la Conférence, mais il n'était pas présent le jour où les autres Évêques catholiques signèrent le mandat, empêché sans doute par la maladie. Sa souscription fut donc lue comme il suit [2] : *Moi, ci-dessus, ai signé, en présence du très illustre tribun et notaire Marcellin, pour Lémenien Évêque du peuple de Taprura, qui présent à Carthage a donné mandat.* Puis il ajouta : *Mon église est catholique ;* ce que confirma Habetdeum, diacre donatiste de Primien, en disant : *Nous n'y avons personne contre lui.* Ce fut l'Évêque de Vallis qui souscrivit ainsi pour lui.

Nous avons vu que l'Évêque donatiste de Midica se réclama à la même Conférence de Liménien de Taprura.

CXXIII. — TARAQVA.

Nous lisons, dans les actes du premier Concile de Latran, que Taraqua se trouvait dans la Byzacène. Les géographes n'en parlent point. El Bekri, auteur arabe, est

[1] Bull. arch. 1888. p. 434.
[2] Cogn. 1. 135.

seul à signaler, auprès de Capsa, une bourgade nommée Taraque.

ETIENNE. Il signa la lettre du Concile de la Byzacène, adressée, en 641, à l'empereur Constantin, fils d'Héraclius, contre les Monothélites [1].

CXXIV. — TARAZA.

Taraza, autrement Tharassa, était une ville de la Byzacène, que nous distinguons de Taraqua. Elle a peut-être laissé son nom au djebel Trozza.

ZOZIME. Il donna son avis le cinquante-sixième au Concile de Carthage, en 255, le troisième de ceux que tint saint Cyprien sur la question du Baptême [2].

DOMNIN. Il figure le trente-quatrième parmi les Évêques de la Byzacène que le roi Hunéric, après la réunion de Carthage de 484, condamna à l'exil avec les autres Évêques.

[1] Hard. 3. 739.
[2] Hard. 1. 170.

CXXV. — TASBALTA.

Nous croyons aussi que Tasbalta avec ses nombreuses variantes est distincte de Tabaltana et de Tepelta, ainsi qu'il a été dit plus haut. Mais cette ville n'est pas connue.

ADELPHE. Il donna son sentiment le trente-troisième dans le Concile de Carthage de 255, le troisième de ceux que tint saint Cyprien sur la question du Baptême [1].

IVLIEN. Il se trouva parmi les Évêques catholiques qui assistèrent, en 411, à la Conférence de Carthage, et lorsque, à l'appel de son nom, il eut répondu qu'il était présent, il ajouta, au sujet de son église [2] : *Elle a l'unité, elle est tout entière catholique.* A quoi le donatiste Adéodat de Milève répliqua : *Il y a un an qu'il est mort,* voulant parler de l'Évêque donatiste dont nous ignorons le nom.

MARCELLIN. La notice le nomme le soixante-troisième parmi les Évêques de la Byzacène que le roi Hunéric, après la réunion de Carthage, en 484, exila avec leurs autres collègues.

---

[1] Hard. 1. 170.
[2] Cogn. 1. 128.

CXXVI. — TEMVNIANA.

Temuniana, autrement Temoniana, était, d'après la notice de 482, dans la province Byzacène. Mais les géographes n'en disent rien. Cependant il existe, au sud de Thysdrus, un groupe de ruines appelées jusqu'aujourd'hui Henchir Temounia. Nous ferons remarquer ici que bien des villes africaines avaient la terminaison *ana*, qui paraît avoir été facultative, si elle n'est pas le fait des copistes qui ont reproduit les manuscrits.

CRESCONIVS. Il assista, en 411, parmi les Évêques donatistes, à la Conférence de Carthage où, après avoir répondu à l'appel qu'il était présent, il ajouta, au sujet de son église[1] : *Là, dans le lieu même où je reste, je n'ai point contre moi d'autre Évêque.* Il paraît être celui dont il est fait mention dans le recueil des canons de l'église d'Afrique[2] et celui, par conséquent, qui, dans le Concile de Carthage, le seizième de ceux d'Aurèle, fut choisi avec trois autres pour représenter à Carthage les Évêques de la Byzacène.

CRESCONIVS. La notice l'inscrit le quatre-vingt-dix-septième parmi les Évêques de la Byzacène que le roi Hunéric appela à l'assemblée de Carthage en 484, et qu'il exila tous avec leurs autres collègues.

---

[1] Cogn. 1. 126.
[2] Hard. 1. 955.

VICTORIN. Il signa la lettre du Concile de la Byzacène adressée, en 641, à l'empereur Constantin, fils d'Héraclius, contre les Monothélites [1].

CXXVII. — TETCI.

La notice place dans la province Byzacène la ville de Tetci, du reste inconnue, et qu'on ne trouve point chez les géographes, à moins peut-être qu'il ne faille la rapporter au *limes Sarcitani,* autrement *Sacritani,* qui, dans la notice de l'Empire d'Occident, est indiqué sous l'autorité du duc de la Tripolitaine. Il faudrait alors dire que l'officier préposé à cette frontière avait sa résidence sur les limites de la Byzacène. Du reste, il y a peu de différence entre Tetci et Sarci, si l'on tient compte que de nombreuses variantes existent dans les manuscrits qui contiennent ces noms.

RVSTIQVE. Il figure le soixante-dix-septième sur la liste des Évêques de la province Byzacène qui se rendirent à la réunion de Carthage, en 484, et furent condamnés à l'exil avec leurs autres collègues par le roi Hunéric.

[1] Hard. 3. 739.

CXXVIII. — THAENAE.

La ville que Ptolémée appelle Thænæ, était une colonie importante de la Byzacène. C'est ce que montre une antique inscription romaine que nous reproduisons [1] :

DD . NN . CRISPO ET CONSTANTINO NOBILL . CAESS . II COSS.
V IDVS APRIL .
DECVRIONES ET COLONI COLONIAE AELIAE AV
GVSTAE MERCVRIALIS THAENIT CVMQVIN
TO ARADIO VALERIO PROCVLO V . C . PRAESID . S
PROVINC . VAL . BYZAC . HOSPITIVM CLIENTE
LAMQVE FECISSENT ET SIBI LIBERISQVE SVIS
POSTERISQVE EORVM COOPTASSENT QVINTVS
ARADIVS VAL PROCVLVS V . C . PRAES . PROVINC . VAL.
BYZAC . A DECVRIONIBVS ET COLONIS COL . AEL . AVG
MERC . THAENIT . HOSPITIO CLIENTELAQVE
SVSCEPISSET LIBERISQVE SVIS POSTERIS
QVE EORVM IN QVAM REM LEGATOS IRE
DIXERVNT VNIVERSOS ORDINIS VIROS
CENSENTIBVS CVNCTIS AGENTIBVS
CVRIAMQ. VALERIO MARVLLO ET C HOR
TENSIO CONCILIO DVOVIRIS

Ce contrat qui nous donne le titre de la colonie *Aelia Augusta Mercurialis Thœnitanorum* est de l'an 321.

L'Itinéraire d'Antonin place Thænæ à dix-sept milles de Macomades et à vingt-cinq milles d'Ovisee. Il compte vingt milles de Thænæ à Usula, tandis que la table de Peutinger la place à vingt milles de Taparura. La Table représente Thænæ par un groupe d'édifices. Moyennant ces diverses indications, il n'est pas difficile de reconnaître

[1] Gruter. p. 363. n. 3.

Thænæ dans les ruines de Tina, situées sur l'oued Tina, au bord de la mer, près du promontoire d'Ammon. Thænæ était dominée par une colline que couronnait une acropole. Le mur d'enceinte, qu'on peut suivre encore, avait un développement d'environ deux milles romains. La nécropole est vaste.

Thænæ devait son titre de colonie à Adrien ou à Antonin. Pline nous apprend[1] que le fossé qui séparait l'ancienne province d'Afrique de la nouvelle allait de Thænæ à la Tusca qui coule à l'est de Thabraca, laissant celle-ci en Numidie.

Thænæ est probablement la ville que les manuscrits d'Hirtius appellent Thabena et que César occupa. Un Concile a été tenu à Thænæ. Ferrand, qui nous le fait connaître, reproduit trois de ses canons[2].

EVCRACE. On a une lettre que saint Cyprien lui écrivit ; c'est la soixante et unième. Cet Évêque donna son sentiment le vingt-neuvième dans le Concile de Carthage de 255, le troisième de ceux que tint saint Cyprien sur la question du Baptême[3].

LATONE. Il assista, en 411, parmi les Évêques catholiques, à la Conférence de Carthage où, après sa réponse, à l'appel de son nom, qu'il était présent, le donatiste Securus se présenta contre lui et dit[4] : *Je le connais*. Puis, il répondit à l'appel parmi les siens[5] : *J'ai donné mandat et*

---

[1] Hist. nov. 5. 3.
[2] Hard. 1. 1252.
[3] Ibid. p. 170.
[4] Cogn. 1. 121.
[5] Ibid. 201.

— 198 —

j'ai souscrit. On trouve encore le nom de cet Évêque dans le Concile de Thelepte, autrement de Zella.

PELERIN. Saint Augustin, adressant la lettre cent soixante-dixième au médecin Maxime de Thænæ, d'autres lisent de Cartennæ, lui parle à deux reprises de son saint frère et coévêque Pèlerin qui gouvernait cette ville. La lettre suivante est, du reste, adressée à ce même Évêque au sujet de Maxime. On voit, par la lettre cent quarante-neuvième, adressée à Paulin de Nole, que Pèlerin avait été diacre de saint Augustin et qu'il avait accompagné à Sicca l'Évêque Urbain, autre disciple de l'Évêque d'Hippone.

PASCASE. La notice le cite le trente-troisième sur la liste des Évêques de la Byzacène qui se rendirent à la réunion de Carthage, en 484, et furent ensuite tous condamnés à l'exil avec leurs autres collègues par le roi Hunéric.

PONTIEN. Il assista, avec le primat Libérat, au Concile de Junca, en 525. Puis, il fut chargé de porter à Boniface le décret de ce Concile, qu'il expliqua avec Restitut, son collègue de légation, au Concile de Carthage [1]. Cet Évêque est nommé dans la vie de saint Fulgence [2], où il est dit que le bienheureux Évêque de Ruspe lui avait apparu pendant son sommeil et lui avait fait connaître son successeur pour l'élection duquel Pontien se rendait à Ruspe.

FELIX. On le trouve parmi les Pères du Concile de la Byzacène qui signèrent, en 641, la lettre adressée alors à l'empereur Constantin, fils d'Héraclius, contre les Monothé-

---

[1] Hard. 2. 1085.
[2] n. 75.

lites. Sa souscription est ainsi formulée[1] : *Félix, par la grâce de Dieu, Évêque de la sainte Église catholique de la cité de Thœnæ.*

CXXIX. — THAGAMVTA.

Thagamuta était dans la Byzacène, la notice en fournit la preuve, mais on n'en trouve aucune trace dans les géographes. Il est fort probable que Thagamuta est représentée par les ruines qui se trouvent dans la plaine de Guemouda, au sud-est de Sufetula. Le *Tha* berbère ou lybien a disparu de ce nom comme il a disparu dans Tacapas et autres noms. On sait que le féminin dans les dialectes berbères est encore formé aujourd'hui par deux *ta* qui sont mis au commencement et à la fin des mots.

LVPIEN. Il assista au Concile de Carthage, tenu sous Aurèle, en 397, et y souscrivit le troisième [2].

MILICVS. Il se trouvà, en 411, à la Conférence de Carthage où, à l'appel de son nom, après avoir répondu qu'il était présent, il ajouta au sujet de son église [3] : *Ils sont tous catholiques.*

RESTITVT. La notice le cite le dix-neuvième parmi les

[1] Hard. 3. 740.
[2] Hard. 1. 974.
[3] Cogn. 1. 126.

Évêques de la province Byzacène qui se rendirent à la réunion de Carthage, en 484, et furent ensuite exilés par le roi Hunéric avec les autres Évêques.

CXXX. — THALA.

Outre la Thala de la Proconsulaire, il y en avait une autre dans la Byzacène. Celle-ci est mentionnée par Tacite[1], par Salluste[2] et par Strabon[3]. D'aucuns prétendent même qu'il y avait, dans la Byzacène, deux villes du nom de Thala. Quoi qu'il en soit, nous connaissons une bourgade, qui a succédé à une ville romaine et qui porte aujourd'hui encore le nom de Thala. On la rencontre près de Mutia. Ses ruines sont considérables et leur pourtour peut être estimé à sept kilomètres. La ville antique occupait les pentes et le plateau de deux grandes collines. Une source abondante l'alimentait. D'après ses monuments, Thala aurait eu le titre de colonie[4].

VRBAIN. Il était donatiste et il assista, en 411, avec ses collègues à la Conférence de Carthage. A l'appel de son nom, il répondit[5] : *J'ai donné mandat et j'ai souscrit,* sans faire aucune mention d'un Évêque catholique. C'est

---

[1] Ann. 3. 21.
[2] Jug. 75. 89.
[3] Lib. 17.
[4] Cagn. nouv. Explor. p. 72.
[5] Cogn. 1. 198.

à tort qu'Urbain a été attribué à Tabla de la Maurétanie césarienne.

FAVSTINIEN. Nous lisons son nom sur une table d'autel qui recouvrait des reliques de saint Majoric et qui a été trouvée à Thala même. L'inscription est ainsi conçue [1] :

α † ω HIC MEMoRIA sc̄i mAiORIci POSITA A FAVSTI NIANO EP̄CO.

Il est probable que saint Majoric est le fils de la sainte Denyse dont parle Victor de Vite [2].

CXXXI. — THAPSVS.

Thapsus est une ville célèbre de la province Byzacène, souvent mentionnée par Hirtius et d'autres. Elle était sur le bord de la mer, entre Lepti Minus et Sullectum. Hirtius, parlant des citoyens de Thapsus, nous fait connaître que, au temps de César, elle avait un peuple nombreux sous son autorité. Il dit, en effet, de César [3] : *Il imposa aux habitants de Thapsus une amende de vingt mille sesterces et à leur assemblée celle de trente mille sesterces.* Le *conventus* dont il est ici question représente les dépendances de Thapsus. Les ruines de la ville portent actuelle-

---

[1] Cagnat. nouv. Explor. p. 73.
[2] Pers. Vaud. 5. 1.
[3] Bell. afric. 97.

ment le nom de Dimas; elles couvrent l'extrémité de la grande pointe de ce nom, Ras Dimas. Elles n'offrent plus d'autres débris apparents que ceux d'un Castrum assis sur le point culminant, d'un môle, d'un amphithéâtre, de vastes citernes publiques et du mur d'enceinte. La ville possédait un port militaire et un port marchand. D'après l'épitaphe d'un citoyen de Thapsus, mort à Interamni, en Italie, la ville aurait eu le titre de colonie [1]:

Publio Fructuoso ; natus in provincia Africa, colonia Tapsi.

VIGILE. Il figure le cent neuvième et dernier sur la liste des Évêques de la Byzacène que le roi Hunéric avait convoqués en assemblée générale à Carthage, en 484, et qu'il fit ensuite exiler avec les autres Évêques d'Afrique. Cet Évêque, après avoir illustré son église, en confessant courageusement la foi, l'honora encore et la rendit célèbre par ses ouvrages, dont plusieurs sont dirigés principalement contre les Ariens. Ils ont tous été publiés par Chifflet.

CXXXII. — THELEPTE.

Thelepte était située dans l'intérieur de la Byzacène, vers l'ouest. C'était une colonie, comme le disent une ancienne inscription publiée par Mafféï [2], et cette épitaphe de Cillium [3]:

---

[1] Corpus. x. 5087.
[2] Mus. Veron. p. 461. n. 3.
[3] Corpus. 216.

```
        T . FL . PAP . RECEPTVS
        AEDILICIVS . Q . AE
        RARI . DECVRIO
        COL . THELEPT . PIVS
        VIX . AN . XXXVI
              H . S . E
        T . FL . FAVSTINVS
        ET . FL . VICTORIA
        PARENTES . POSV
              ERUNT.
```

Un fragment, trouvé à Chusira, mentionne un *decurio col. Thelepthc* [1]. La table de Peutinger, du reste, lui accorde le même titre et elle place Thelepte entre le Vicus Gemellas et ad Palmam. Thelepte était reliée par diverses voies à Tacapas, Capsa, Cillium, Théveste, etc. Située sur un plateau dominant le bassin des Chott et les plaines de la Byzacène, Théveste était une position importante pour la défense de l'Afrique propre. Aussi, comme le rapporte Procope[2], cette ville fut fortifiée par l'empereur Justinien. Elle est représentée aujourd'hui par les ruines de Medinet-el-Kedima, l'antique ville. Le pourtour des ruines peut être évalué à trois milles et demi ; elles s'étendent sur la rive gauche de l'oued Bou Haya, autour d'une colline appelée Koudiet es Safra. On y remarque les restes des thermes, d'un théâtre, d'une citadelle placée à la source des eaux et d'une forteresse.

Mais ce qui est surtout intéressant pour nous dans les ruines de Thelepte, ce sont les restes de huit ou neuf basiliques qui y ont été récemment découvertes. L'une d'elles, située dans la nécropole, et terminée comme les autres par une abside, contenait, dans le tombeau de l'autel, des re-

---

[1] Bull. aut. afric. 1884. p. 226.
[2] De ædif. 6. 6.

liques des saints Janvier et compagnons, glorieux et célèbres martyrs de la Campanie. Une inscription en mosaïque mentionne avec eux le nom du noble chrétien de Thelepte qui fit ériger le monument [1] :

    EXAVDI DEVS ORA
    TIONEM MEAM AVri
    BVS PERCIPE BERBa
    ORIS MEI SANTORVM
    iANVARI   ET
     COMITVM
    sANCTIS DEVOTVS
    fL . AN . PVSINNVS
    cVM SVIS VOTVM
    cONPLEVIT . FEL

Les souvenirs chrétiens sont nombreux à Thelepte. Elle fut la patrie de saint Fulgence de Ruspe. Il est possible que le Concile de 418, dans lequel on donna lecture des lettres *de Siricius de vénérable mémoire,* se soit tenu dans la ville de Thelepte. Ce Concile est nommé de Zella ou Tella, autrement de Thelepte, selon quelques manuscrits. Il fut présidé par *le bienheureux père Donatien, de la ville de Thelepte, Évêque du premier siège* [2]. On peut croire que celui-ci avait réuni les Évêques au siège même de sa juridiction. — Le Concile se tint dans *l'église des Apôtres du peuple de Thelepte* et des légats de la province Proconsulaire y assistèrent.

Thelepte avait encore un Évêque en 883, selon la notice de Léon le Sage.

IVLIEN. Il donna son sentiment le cinquante-septième au

---

[1] Bull. arch. 1888. p. 177.
[2] Hard. 1. 1235.

Concile de Carthage de 255, le troisième de ceux que saint Cyprien convoqua sur la question du Baptême [1].

DONATIEN. Il se rendit, en 411, à Carthage, pour la Conférence où se présenta contre lui Bellicius, qui l'entendant appeler, dit [2] : *Je le connais*. Puis, il répondit à son appel parmi les Donatistes [3] : *J'ai donné mandat et j'ai souscrit*. En 418, le même Donatien, après avoir assisté à d'autres Conciles, où l'on trouve sa souscription [4], en réunit un lui-même à Thelepte ou à Zella, lorsqu'il fut primat de sa province. C'est celui dont il vient d'être parlé. Saint Augustin écrivait [5] à Asellicus de Thusuros qu'il avait reçu de Donatien la lettre qu'Asellicus avait écrite à celui-ci pour le prévenir contre les Juifs.

Selon la chronique de Dexter, à l'an 429, un Évêque de Tolède, Majorin, assistait au Concile de Thelepte.

Nous remarquerons que, à la Conférence de 411, Zella avait pour évêque Donatien, lequel avait contre lui un donatiste, Natalicus, dont nous avons parlé à l'article de Tela, ville de la Proconsulaire. Il y avait, à la même Conférence, un évêque donatiste de Telepte [6] que nous avons attribué à Talaptula.

Donatien, qui assistait au Concile de Milève, est appelé le *saint vieillard, le primat Donatien*.

FRVMENCE. Il figure le quatre-vingt-unième parmi les Évêques de la province Byzacène qui se rendirent, en 484,

---

[1] Hard. 1. 170.
[2] Cog. 1. 121.
[3] Ibid. 198.
[4] Hard. 1. 1222.
[5] Ep. 196.
[6] Cogn. 1. 208.

à la réunion de Carthage et furent ensuite, par l'ordre du roi Hunéric, exilés avec le reste de leurs collègues.

ETIENNE. Il signa le treizième la lettre du Concile de la Byzacène adressée, en 641, à l'empereur Constantin, fils d'Héraclius, contre les nouveautés des Monothélites[1].

Les Évêques titulaires connus de Thelepte sont :
Joseph Barletto et Ferro, 31 juillet 1726 ;
Simon-Pierre Judica, 20 septembre 1779 ;
Jean-Baptiste Auzer, 3 janvier 1886.

CXXXIII. — THEVZI.

Theuzi est attribuée par la notice à la province Byzacène. C'est peut-être la même ville que Turuzi. Mais, du reste, elle n'est pas autrement connue.

DECIMVS. La notice le cite le dix-septième sur la liste des Évêques de la province Byzacène qui se rendirent, en 484, à la réunion de Carthage et furent ensuite, par l'ordre du roi Hunéric, condamnés à l'exil avec les autres Évêques qui avaient pris part à cette assemblée.

[1] Hard. 3. 739.

CXXXIV. — THIGES.

Thiges était, comme l'indique la notice, une ville de la Byzacène. On le trouve parfois indéclinable, sous la forme Ticibus, comme on disait Sufibus et Laribus. Une inscription de Lambæsis porte [1] :

L. ORBIVS . PROVINCIALIS . TICIB.

La table de Peutinger met Thiges à vingt-cinq milles de Thusuros et à quinze milles de Speculum. C'est probablement la Tichasa de Ptolémée plutôt que la Ticena du même auteur et l'oppidum liberum Tigense de Pline.

C'est au Bled Tarfasin, entre Thusuros et Capsa, que Thiges a été retrouvée. Une inscription, gravée en 97, sous le règne de Nerva, mentionne Q. *Fabius Barbarus Valerius Magnus Julianus*, gouverneur de Numidie, et indique que Tarfasin représente le *Castellum Thigensium* [2]. C'est une preuve de plus que toute cette région méridionale de l'Afrique propre constituait la *Numidia Limitanea* placée sous la juridiction du Légat commandant la troisième légion. Voici, du reste, le texte de l'inscription :

IMP . NERVA . CAES. AVG
P . M . TR . P . COs . III
Q . FABIO . BARBARO
VALERIO . MAGNO
IVLIANO . LEG . AVG
PRO . PR . CASTELLVS . THI
GENSIVM

---

[1] Corpus. 2568.
[2] Académ. (Bull.) 10 juill. 1891

Quand fut dressée la notice de 482, le siège de Thiges était vacant.

GALLVS. Il assista, en 411, à la Conférence de Carthage et à l'appel de son nom parmi les catholiques il dit [1] : *Je suis présent.* Aussitôt Pétilien de Cirta ajouta que l'Évêque donatiste, son compétiteur, était resté chez lui. *Il n'est pas venu,* dit-il, *il a écrit.* Mais il ne donna point le nom de l'Évêque.

ROMVLVS. Il signa la lettre du Concile de la Byzacène adressée, en 641, à l'empereur Constantin, fils d'Héraclius, contre les nouveautés des Monothélites. Il y figure le huitième et sa souscription est ainsi formulée [2] : *L'humble Romulus, par la miséricorde du Seigneur Dieu, Évêque de la sainte Église de Ticibus, comme ci-dessus.*

CXXXV. — THVGGA.

Il y avait dans la Proconsulaire une ville nommée Thugga et une autre appelée Thuccabora ; il y avait aussi en Numidie une ville de Thucca. La Byzacène possédait Thugga Terebinthina, que l'Itinéraire d'Antonin place à douze milles d'Assuras et à vingt-cinq milles de Sufes. C'est

[1] Cog. 1. 121.
[2] Hard. 3. 739.

peut-être la ville que Diodore[1] appelle Togapolis. C'est assurément celle dont on voit les ruines à Dougga. Ces ruines sont étendues. On y remarque les restes d'une mosquée qui a dû être primitivement un temple, transformé plus tard en basilique chrétienne. Évidemment Thugga Terebinthina appartenait à la Byzacène, et c'est elle que mentionne Ptolémée quand il nomme Tucca Dabia Bendina dont on a fait trois villes distinctes.

SATVRNIN. Il vota au Concile de Carthage, le troisième de ceux que tint saint Cyprien sur la question du Baptême en 255. Il y figure le cinquante-deuxième et l'on a ajouté à son nom la note de martyr, parce que, sans doute, il donna sa vie pour la foi [2].

Rien cependant ne prouve que Saturnin appartient à Thugga de la Byzacène plutôt que Honorat que nous avons attribué à Thugga de la Proconsulaire.

CXXXVI. — THYSDRVS.

La ville de la Byzacène, appelée Thysdrus, est bien connue des auteurs anciens. L'Itinéraire d'Antonin la met à trente et un milles de Vicus Augusti; à dix-huit milles d'Aeliæ, à trente-trois milles de Lepti Minus et à trente-deux milles d'Usula. D'après la table de Peutinger, la colonie de Thysdrus se trouvait à neuf milles de Bararus

---

[1] 20. 57. 4.
[2] Hard. 1. 170.

et à douze milles de Sassura. Il est donc impossible de ne pas la voir dans les ruines d'El Djem, sur lesquelles végète aujourd'hui un bourg misérable.

Un de ses monuments, transporté à saint Louis de Carthage, lui confirme son titre de colonie [1] :

```
        aqua adducta curam agente an
     NIO RV fin O CV QVI . THVSDRVM
     EX . INDVLGENTIA . PRINCIPIS . CV
     RAT . ET . COLONIAE . SVFFICIENS . ET
     PER . PLATEAS . LACVBVS . INPERTITA
     DOMIBVS . ETIAM . CERTA . CONDI
     CIONE . CONCESSA . FELICIS . SAECV
     LI . PROVIDENTIA . ET . INSTINCTV
     MERCVRII . POTENTIS . THYSDRITA
     NAE . COL . PRAESIDIS . ET . CONSERVA
     TORIS . NVMINIS . DEDICATA . EST
```

Nous avons dit, à l'article d'Hadrumète, le procès qui avait surgi entre cette ville et Thysdrus à propos d'un temple de Mercure. Le texte précité confirme le fait.

On voit, dans Hirtius, que, du temps de César, Thysdrus n'était point considérable ; c'était néanmoins une ville forte, et plus tard, elle devint célèbre, parce que les soldats y proclamèrent Gordien empereur, en 236. Son titre de colonie et les dimensions de son magnifique amphithéâtre attestent que, au troisième siècle, Thysdrus était une des cités les plus florissantes de la province d'Afrique. Six grandes voies y aboutissaient et la reliaient à Carthage, Hadrumète, Lepti Minus, Sullectum et Usula.

Outre son grand amphithéâtre, qui le dispute en magnificence au Colisée de Rome, qui est resté debout et dont le grand axe mesure cent quarante-neuf mètres de lon-

---

[1] Corpus. 51.

gueur, on y voit les vestiges d'un autre amphithéâtre, d'un cirque, de citernes publiques, auxquelles devaient aboutir les eaux dont il est parlé plus haut, et d'une citadelle. Le cirque a cinq cent cinquante mètres de longueur.

Les ruines ont fourni plusieurs inscriptions chrétiennes dont une épitaphe de lecteur, ainsi conçue [1] :

```
             IVLIVS
             SABINVS
            LECTOR VI
           XIT IN PACE
            ANN . LVI
            P . M . ME
            H . S . E
```

Nous savons, du reste, par un passage de Tertullien [2], que Thysdrus posséda de bonne heure une communauté chrétienne. Un Concile y fut tenu en 417, comme nous l'apprenons par le synode de Thelepte et par Ferrand qui en cite deux canons [3].

HELPIDIVS. Il fut du nombre des Donatistes du parti de Maximien, qui tinrent, en 393, le Concile de Cabarsussi contre Primien de Carthage. Son nom figure parmi ceux des signataires de la lettre adressée à tous les Évêques d'Afrique au sujet de la condamnation de Primien [4].

NAVIGIVS. Il assista, en 411, avec les catholiques, à la Conférence de Carthage, et, après avoir répondu à l'appel de son nom qu'il était présent, il fut reconnu par son

---

[1] Corpus. 55.
[2] Ad scap. 4.
[3] Hard. 1. 1252.
[4] Aug. serm. 2. in ps. 36. n. 20.

compétiteur, le donatiste Honorat[1], qui, lui-même, répondit à son appel[2] parmi les siens : *J'ai donné mandat et j'ai souscrit.*

VENERIVS. Il signa un des premiers la lettre du Concile de la Byzacène adressée, en 641, à l'empereur Constantin, fils d'Héraclius, contre les nouveautés des Monothélites. Sa souscription est ainsi formulée[3] : *L'humble Venerius, par la miséricorde de Dieu, Évêque de la sainte église de Thysdrus, comme ci-dessus.*

CXXXVII. — TIGIA.

Les géographes ne nous apprennent rien de Tigia, autrement Tizia, qu'il faut distinguer de Thiges, autrement Tices, ville de la même province Byzacène. Il se peut fort bien, du reste, que Tigias soit la ville représentée par les ruines de Taguious, non loin de Degach. Elles se trouvent dans l'oasis de Kriz, qui fait partie du Djerid, comme Thusuros. Or, nous savons que, à la Conférence de 411, l'Évêque de Tigias répondit pour son collègue de Thusuros. On remarque à Taguious, autrement Guebba, des restes d'un mur d'enceinte, des canaux anciens qui servaient à la distribution des eaux, une nécropole antique, des tombeaux creusés dans le roc, tous monuments qui

[1] Cog. 1. 121
[2] Ibid. 206
[3] Hard. 3. 739.

attestent l'existence d'une ville importante. La population actuelle de cette oasis est d'environ cinq mille habitants.

APTVS. Il se trouva parmi les Évêques catholiques qui, en 411, se réunirent à la Conférence de Carthage. A l'appel de son nom, après avoir répondu qu'il était présent, il ajouta [1] : *Je n'ai pas eu et nous n'avons point d'Évêque donatiste.* Ce que confirma Primien de Carthage, chef des Donatistes. Après lui, quand fut appelé l'Évêque de Thusuros, Aptus attesta qu'il le connaissait. C'est que, en effet, Tigias et Thusuros étaient voisines.

HONORAT. Il figure le soixante-cinquième sur la liste des Évêques de la Byzacène qui se rendirent, en 484, à la réunion de Carthage et furent ensuite, par l'ordre du roi Hunéric, condamnés à l'exil avec tous leurs autres collègues.

CXXXVIII. — TIGVALA.

Tiguala, autrement Tigala et Ticualte, était dans la province Byzacène, d'après l'indication de la notice. Mais on ne sait rien de plus sur cette ville ; il n'en est fait aucune mention par les géographes.

ASMVNIVS. Son nom, Echmoun, est lybien ou punique. Il assista, en 411, parmi les catholiques, à la Conférence

[1] Cogn. 1. 120.

de Carthage et, à l'appel de son nom, après avoir répondu qu'il était présent[1], il ajouta, en parlant de son église : *Dans mon diocèse ils sont deux, Gaïen et Privat.* Alors Gaïen dit : *Je le connais.* Mais Alype de Thagaste, un des sept mandataires que les catholiques s'étaient choisis, interpellant le tribun Marcellin : *Votre excellence,* dit-il, *constatera que les Donatistes ont ordonné aussi des Évêques dans le diocèse des nôtres.* A quoi Marcellin répondit : *De pareils faits sont objectés de part et d'autre. Si vous voulez les examiner à fond, nous verrons que nous nous sommes réunis inutilement pour traiter la question principale.*

Gaïen, à son appel parmi les siens, dit[2] : *J'ai donné mandat et j'ai souscrit.* C'est le même qui, en 393, avait assisté parmi les Maximianistes au Concile de Cabarsussi où il signa la lettre qui informait tous les Évêques d'Afrique de la condamnation de Primien[3].

Quant au donatiste Privat, le second adversaire d'Asmunius, nous ne le voyons pas paraître sous le titre de Tiguala ; mais nous trouvons dans les actes la mention de Privat d'Auzagga, au sujet duquel une grande discussion s'éleva. Il résulte de cette discussion que le diocèse de Privat était voisin de Vaga, et par suite nous pourrions conclure que Tiguala se trouvait également dans le voisinage de Vaga. Toutefois cette dernière ville se trouve dans la Proconsulaire et dès lors Privat d'Auzagga doit être différent de Privat de Tiguala.

MANGENTIVS. Il figure le quatre-vingt-quinzième sur la

---

[1] Cogn. 1. 126.
[2] Cog. 1. 187.
[3] Aug. serm. 2. in ps. 36. n. 20.

liste des Évêques de la Byzacène qui se rendirent à la réunion de Carthage, en 484, et furent ensuite, par ordre du roi Hunéric, exilés avec tous leurs autres collègues.

SECOND de Tagala, autrement de Tagasa, signa, immédiatement après le primat de sa province, la lettre du Concile de la Byzacène, adressée, en 641, à l'empereur Constantin, fils d'Héraclius, contre les Monothélites [1].

CXXXIX. — TROFIMIANA.

Nous ne connaissons de Trofimiana, autrement Trofiniana, que la province à laquelle elle appartenait. La notice nous apprend, en effet, qu'elle était en Byzacène. Ce devait être, à l'origine, un domaine des Trofimi.

PROBANCE. Il assista, en 411, parmi les Évêques catholiques, à la Conférence de Carthage, où, après la lecture de sa souscription, il dit [2] : *Je suis seul*. Mais Valentinien, diacre du donatiste Primien, lui répliqua : *Il y a là un prêtre*, c'est-à-dire un prêtre donatiste, car les Donatistes avaient coutume d'envoyer un prêtre là où ils ne pouvaient mettre d'Évêque.

HILARIN. La notice le mentionne le trente-cinquième sur

[1] Hard. 3. 739.
[2] Cog. 1. 133.

la liste des Évêques de la province Byzacène qui se rendirent à la réunion de Carthage, en 484, et furent ensuite condamnés à l'exil par le roi Hunéric.

CXL. — TVBVLBACA.

La notice attribue Tubulbaca à la province Byzacène, mais les géographes n'en parlent point. Il y a, entre Lepti Minus et Thapsus, au milieu de superbes campagnes et de magnifiques plantations d'oliviers, une grosse bourgade de quatre mille âmes qui porte encore le nom de Teboulba, et qui pourrait avoir succédé à la ville épiscopale dont nous nous occupons.

IANVARIEN. Il assista, en 411, parmi les catholiques, à la Conférence de Carthage et après la lecture de sa souscription il dit, en parlant de son église [1] : *Elle a l'unité catholique ; je n'ai aucun Evêque contre moi dans ma cité.*

TERENTIEN. Il figure le septième sur la liste des Évêques de la province Byzacène qui se rendirent à la réunion de Carthage, en 484, et furent condamnés ensuite à l'exil par le roi Hunéric.

[1] Cog. 1. 136

CXLI. — TVGVTIANA.

A notre avis, Tugutiana est une ville distincte de Thusuros. Les variantes de ce nom sont très nombreuses dans les manuscrits.

BENENATVS. Il était au nombre des Donatistes du parti de Maximien qui, en 393, au Concile de Cabarsussi, condamnèrent Primien de Carthage. Nous lisons leurs noms dans les œuvres de saint Augustin après la lettre synodale adressée alors à tous les Évêques d'Afrique[1]. Mais ces noms sont altérés et d'une lecture incertaine.

Comme la plupart des Évêques qui assistèrent au Concile de Cabarsussi appartenaient à la province d'Afrique et spécialement à la Byzacène dont Cabarsussi faisait partie, nous attribuons Tugutiana à cette province et nous la distinguons de Thusuros, d'autant plus que le nom du siège qui vient ensuite se termine par la finale *ritanus* qui est la finale même de Thusuritanus.

CXLII. — TVRRES.

La notice indique, dans la province Byzacène, un bourg ou une ville de Turris ou Turres sans épithète. Elle pouvait, du reste, avoir un qualificatif que les Évêques ne ju-

[1] Aug. serm. 2. in ps. 36. n. 20.

geaient pas nécessaire d'ajouter à leur signature. Ce n'était peut-être dans le principe qu'une tour dans laquelle les gens de la campagne cherchaient un asile contre les incursions des barbares, ou un lieu d'observation dans un domaine privé, comme nous en voyons des exemples dans la Numidie.

Nous savons qu'il y avait, en Byzacène, une Turris Blanda, une Turris Tamalluma, une Turris Timezegeri dont nous avons parlé à l'article d'Auzagera ou dont nous parlerons ci-après.

En outre, la table de Peutinger met une station ad Turres sur la voie de Thelepte à Tacapas par Thiges. Elle la place entre Speculum et Cerva, à dix-huit milles de Speculum et à trente-trois milles de Cerva. On a cru reconnaître cette station au bourg de Tamarza.

Les Turres de la frontière de la Byzacène formaient un système de défense échelonné sur les hauteurs.

MAXIMIN. Il se rendit, en 411, à la Conférence où, après avoir répondu à l'appel qu'il était présent[1], il ajouta : *Mais je n'ai point d'Évêque contre moi.* Le donatiste Adéodat de Milève essaya de le noircir en disant : *Il a été des nôtres.*

MESSIUS. Il figure le vingt-huitième parmi les Évêques de la Byzacène que le roi Hunéric convoqua, en 484, à l'assemblée de Carthage et qu'il envoya tous ensuite en exil avec les autres Évêques d'Afrique.

1. Cog. 1. 121.

CXLIII. — TVRRIS BLANDA.

Tite Live écrit [1] d'Annibal, parti clandestinement de Carthage, pour se réfugier auprès d'Antiochus, que le *lendemain matin, il parvint à sa Turris, entre Achulla et Thapsus*. Turris pouvait être le nom d'un domaine particulier. Or, le nom de Blandus n'est pas inconnu dans l'onomastique africain. *Il se lit dans une épitaphe de Thala de la Byzacène*. Un monument de l'époque de Sévère, trouvé à Aïn Ouassel, près Uchi Majus, dans la Proconsulaire, mentionne les saltus Thusdritanus et Blandianus avec plusieurs autres.

Quant à Turris Blanda, elle ne nous est connue que par la notice de 482 et par les actes du premier Concile de Latran.

MAXIMIN. Il était de la secte des Donatistes parmi lesquels il se trouva à la Conférence de Carthage de 411 et répondit à l'appel [2] : *J'ai donné mandat et j'ai souscrit,* sans faire aucune mention d'un Évêque catholique.

Nous remarquerons que l'Évêque de Turres dont nous venons de parler s'appelait aussi Maximin, qu'il avait été donatiste, mais qu'il s'était converti au catholicisme.

PAVL. La notice le compte le quatre-vingt-dix-septième sur la liste des Évêques de la Byzacène qui se rendirent, en 484, à la réunion de Carthage et furent envoyés en exil

---

[1] 33. 20. 48.
[2] Cog. 1. 208.

par l'ordre du roi Hunéric avec tous leurs autres collègues. L'annotation ajoutée à son nom indique que Paul mourut pour la foi catholique loin de son siège.

DACIEN. Il signa le troisième la lettre du Concile de la Byzacène adressée, en 641, à l'empereur Constantin, fils d'Héraclius, contre les Monothélites [1].

CXLIV. — TVRRIS TAMALLVMA.

Turris Tamalluma, autrement Tamallen, Tamalla, était-elle une ville distincte de Tamalluma ? Nous ne pourrions pas l'affirmer. Quoi qu'il en soit, elle se trouvait à l'extrémité de la Byzacène. L'Itinéraire d'Antonin détermine sa position lorsqu'il décrit la route qui *marque la limite de la Tripolitaine, de Tacapas à Leptis Magna, par Turris Tamallen.* Il place cette station à trente milles d'Agarlabas et à douze milles de Ad Templum. Nous avons déjà parlé de Tamalluma qui ne serait autre que la bourgade de Telemin dans l'oasis du même nom. C'est à sept ou huit milles à l'ouest de Telemin que se voient les restes d'une autre bourgade nommée encore aujourd'hui Oum es Somaa ou la mère de la Tour.

GAVDENCE. Il se rendit à Carthage, en 349, pour le Concile tenu sous Gratus et il y est nommé dans la préface parmi les dix premiers [2].

---

[1] Hard. 3. 739.
[2] Hard. 1. 685

SABRACE. Il assista, en 411, à la Conférence de Carthage où il eut pour compétiteur un donatiste du nom de Jurata qui, après l'avoir entendu répondre à l'appel qu'il était présent, se présenta du côté opposé et dit [1] : *Je le connais*. Puis, à son appel parmi les siens, il répondit : *J'ai donné mandat et j'ai souscrit* [2].

PENTASE. Il se trouve parmi ceux qui signèrent les derniers la lettre du Concile de la Byzacène adressée en 641 à l'empereur Constantin, fils d'Héraclius, contre les erreurs des Monothélites [3].

CXLV. — TVRVDA.

Il n'est pas bien certain que Turuda appartient à la Byzacène, car elle pourrait être de la Numidie, si elle est la même que Tarouda que Ptolémée nomme après Vescether ou Biskra. A la Conférence de Carthage, Adéodat de Milève intervint au sujet de l'Évêque de Turuda. Nous n'avons pas d'autres indications.

VENVSTVS. Il assista, en 411, parmi les Évêques catholiques, à la Conférence de Carthage, et lorsqu'il eut répondu à l'appel qu'il était présent, Adéodat, mandataire des

---

[1] Cog. 1. 126.
[2] Ibid. 208.
[3] Hard. 3. 740.

Donatistes, reconnut expressément que l'Église de Turuda était catholique : *Nous n'y avons personne*, dit-il [1].

CXLVI. — TVRVZI.

Turuzi est une ville également incertaine quant à la province à laquelle elle appartenait. Ptolémée indique une ville nommée Turzo dans le voisinage d'Hadrumète. Le nom de Turuzi ou Turuza se rapproche un peu de Trozza, nom d'une montagne de la Byzacène, comme Turuda se rapproche de Troud, nom d'une tribu de la même province. Mais ces homonymies n'ont pas grande importance.

SEROTINVS. Il se rendit, en 411, à la Conférence de Carthage et à la lecture de sa souscription, il rendit de son église ce témoignage [2] : *Jamais elle n'a eu et elle n'a pas davantage de Donatiste*. Mais Habetdeum, diacre du donatiste Primien, répondit : *Il y a là le prêtre Cattus*. Serotinus répliqua : *Il y est, en effet, mais il n'y fait rien.*

[1] Cog. 1. 126.
[2] Ibid. 133.

CXLVII. — THVSVRVS.

Thusurus, autrement Thusuros, est la ville actuelle de Tozeur, dans le Djerid Tunisien. Ptolémée la mentionne et la table de Peutinger la place à trente milles de Nepte et à vingt-cinq milles de Thiges. Une épitaphe d'Aquilée nomme un citoyen de Thusuros [1]. *Natus ex civitate Tusuritana Africæ Proconsularis*. La ville moderne de Tozeur comprend plusieurs quartiers. Au quartier de Belidet el Hader, on voit les restes d'un grand barrage romain, un puits antique carré et les ruines d'une basilique, ornée jadis de plusieurs rangées de colonnes dont quelques fûts gisent encore sur le sol. La base du clocher est restée intacte. Quand les arabes descendirent en Sardaigne, ils y enlevèrent quantité de chrétiens qu'ils transportèrent à Tozeur et sur d'autres points de la province d'Afrique.

Thusuros appartenait à la province d'Afrique et obéissait au Proconsul jusqu'au temps de Dioclétien quand se fit la division des Provinces.

Comme nous avons dit, à propos de Tugutiana, un Évêque Maximianiste de Thusurus assistait probablement au Concile de Cabarsussi, mais nous ignorons le nom qu'il portait [2].

ASELLICVS. Il assista, en 411, parmi les Évêques catholiques, à la Conférence de Carthage et après sa réponse [3] qu'il était présent, le donatiste Aptus s'avança du côté

[1] Auth. Rom. an. 1776. n. XVIII.
[2] Aug. serm. 2. in ps. 36. n. 20.
[3] Cog. 1. 120.

opposé et dit: *Je le connais.* Puis, il répondit à son appel parmi les siens [1] : *J'ai donné mandat et j'ai souscrit.* Asellicus nous fait connaître, à la même Conférence, qu'il vint de Thusurus à Carthage par le pays des Arzuges, qui sont les Merazig actuels : *Je prends à témoin,* dit-il, *le Dieu tout-puissant et Jésus-Christ notre Sauveur, que nous sommes partis ainsi des Arzuges le trois des calendes de mai* [2]. Les Arzuges se trouvaient comme les Merazig entre Thusurus et Tacapas, sur la voie méridionale qui reliait ces deux villes. Nous constatons ainsi que les Évêques du sud de la Byzacène venaient à Carthage par la voie de Tacapas d'où ils prenaient la voie de mer ou celle du littoral. Saint Augustin adresse la lettre cent quatre-vingt seizième à Asellicus de Thusurus. Il y parle de Donatien de Thelepte et d'Aptus, Évêque donatiste de Thusurus. Ce dernier judaïzait et allait jusqu'à se faire appeler Juif et Israélite [3].

FLORENTIN. La notice le cite le quarante-huitième parmi les Évêques de la province Byzacène qui, après la réunion de Carthage, en 484, furent envoyés en exil avec les autres Évêques par le roi Hunéric.

Il est possible que la ville de Castella ou Castilia des neuvième et dixième siècles soit la même que Thusurus. Castella avait encore un Évêque en 883 selon la notice de Léon le Sage.

[1] Cog. 1. 187.
[2] Ibid. 208.
[3] Ep. 196. 14.

CXLVIII. — VNVZIBIRA.

Unuzibira, autrement Unizivera, est sans doute la même ville que Ulisippira de Ptolémée et Ulusubri de Pline. La table de Peutinger met Ulisippira entre Gurra et Aggersel à huit milles de cette dernière. D'après ces données Ulisippira peut être représentée par les ruines de Zembra dont le nom doit être une contraction de l'appellation antique. On y voit les restes d'une ville romaine.

MAXIMIN. Il était de la secte des Donatistes parmi lesquels il assista, en 411, à la Conférence de Carthage et à l'appel de son nom il répondit[1] : *J'ai donné mandat et j'ai souscrit.* Il est appelé Évêque d'Uzabira, erreur qui doit être attribuée aux copistes.

CYPRIEN. La notice de 482 le nomme le quarante et unième parmi les Évêques de la province Byzacène que le roi Hunéric après la réunion de Carthage, en 484, envoya en exil avec les autres Évêques. Mais Cyprien avait fait éclater sa vertu avant cet exil, lorsque ce même roi avait livré aux Maures une troupe de catholiques pour être conduite dans le désert. Car, comme l'écrit Victor de Vite[2], *il se trouva là pour les consoler puissamment, le bienheureux Évêque, Cyprien d'Unizibira, qui encourageait chacun des exilés avec une affection pieuse et paternelle et en versant des torrents de larmes;*

---

[1] Cogn. 1. 201.
[2] Pers. Vaud. 2. 11.

prêt à donner sa vie pour eux, il s'offrait lui-même à partager leurs souffrances, si on l'eût laissé faire, et il se dépouillait de tout ce qu'il possédait pour subvenir à ses frères réduits à une telle extrémité. Il cherchait, en effet, l'occasion de se faire associer aux confesseurs, étant déjà réellement confesseur par son désir et par sa vertu. Après avoir supporté de nombreuses épreuves et les horreurs de la prison, il partit plus tard avec allégresse pour cet exil qu'il avait tant désiré. Les martyrologes latins montrent que Cyprien a été mis au rang des saints, en en faisant mention le quatre des ides d'octobre.

DONAT. Il signa la lettre que les Pères du Concile de la Byzacène adressèrent, en 641, à l'empereur Constantin, fils d'Héraclius, contre les Monothélites. Il est appelé *Évêque de la sainte Église d'Unizivera*[1].

CXLIX. — VPPENNA.

Uppenna, autrement Oppenna, était une ville inconnue, que les géographes ne mentionnent pas et qui a été récemment découverte à Henchir Chigarnia, autrement Fragha, à six kilomètres environ sur la droite de la voie qui conduisait de Carthage à Hadrumète par Putput. Elle se trouve à la pointe méridionale du marais de Sidi Khalifa et à

---

[1] Hard. 3. 740.

peu près à égale distance de Putput et d'Horrea Cælia. On y voit un fort byzantin ruiné qui indique que c'était un poste militaire.

Uppenna eut le titre de colonie, ainsi que nous le lisons sur un de ses monuments [1] :

```
         IMP . CAES . FLAVIO
              VALERIO
         CONSTANTINO . PIO
         FEL . INVICTO . AVG .
            PONTIFICI . MAX .
           TRIB . POTESTATE
         COL . VPPENNA . DEVOTA
          NVMINI MAIESTATIQ
                 EIVS
           DD        PP
```

Nous ne connaissons qu'un seul Évêque d'Uppenna.

HONORIVS. Il est le quatre-vingt-deuxième sur la liste des Évêques de la Byzacène qui se rendirent à la réunion de Carthage en 484 et furent ensuite envoyés en exil par ordre du roi Hunéric, en même temps que leurs autres collègues.

CL. — VSVLA.

Usula, autrement Usila, est une ville connue de la province Byzacène. L'Itinéraire d'Antonin met la cité d'Usula à trente-deux milles de Thysdrus et à vingt-huit milles de

[1] Eph. 5. 254.

Thænas; la table de Peutinger lui donne le titre de municipe et la place entre Taparura et Ruspe, à six milles de cette dernière ville. Ptolémée place Usilla entre Taphrura et le cap Brochodes. L'anonyme de Ravenne la cite entre Taparura et Sullectum. Usula est appelée encore aujourd'hui Inchilla ; on y voit les restes d'une basilique byzantine.

Usula est souvent citée dans l'histoire de la guerre d'Afrique.

FELIX. Il donna son sentiment le soixante-troisième au Concile de Carthage, le troisième que tint saint Cyprien au sujet du Baptême en 255. Les copistes ont altéré étrangement le nom de son siège [1].

CASSIEN. Il assista au Concile de Carthage que tint Gratus en 349 et il y proposa ce canon [2]: *Qu'aucun clerc ou laïque ne soit admis à la communion dans un autre diocèse, s'il n'a des lettres de son Évêque.*

THÉODORE. Il fut du nombre des Donatistes partisans de Maximien, qui, au Concile de Cabarsussi, en 393, condamnèrent Primien [3], et lui-même fut, l'année suivante, condamné au Concile de Bagaï par les Primianistes, comme étant un des douze consécrateurs de Maximien [4].

PRIVAT. Il se rendit à Carthage, en 411, avec les catholiques pour la Conférence où, après avoir répondu à l'ap-

---

[1] Hard. 1. 174.
[2] Ibid. 686.
[3] Aug. serm. 2. in ps. 36. n. 20.
[4] Aug. cont. Crescon. 4. 4.

pel de son nom qu'il était présent[1], il dit, en parlant de son église : *Je n'ai pas d'Évêque contre moi.* Mais le donatiste Pétilien de Cirta répliqua : *Il y a là un prêtre.*

VICTORIN. Il figure le cinquante-quatrième parmi les Évêques de la Byzacène que le roi Hunéric fit exiler avec les autres Évêques après la réunion de Carthage, en 484.

LAVRENT. Il signa la lettre adressée, en 641, par le Concile de la Byzacène, à l'empereur Constantin, fils d'Héraclius, contre les Monothélites. Mais sa souscription semble indiquer que Laurent mourut avant le Concile de Latran, tenu en 649 par le pape Martin et dans lequel on donna lecture de cette lettre. Elle est, en effet, ainsi formulée[2] : *Le bienheureux Laurent Taraise, Évêque de la sainte Église de la cité d'Usila, comme ci-dessus.* Nous avons fait plus haut une remarque semblable au sujet de l'Évêque de Quæstoriana.

Usula eut plus tard comme Évêques titulaires :
Rodrigue Cruzado Cavakero, 8 janvier 1653 ;
Louis Marie de Jésus, Carme déchaussé, mars 1784 ;
Jacques Jorck Bramstan, janvier 1823 ;
Gaëtan Antoine de saint Philippe de Néri, de l'oratoire, 19 mai 1843 ;
Benjamin Jérémie, 15 juillet 1884.

[1] Cog. 1. 126.
[2] Hard. 3. 740.

CLI. — VZITA.

Hirtius place [1] Uzita aux environs de Lepti Minus. Elle aurait été située au-dessous d'Hadrumète, d'après Ptolémée. Selon une inscription, que nous avons citée à l'article de Gurza, elle aurait été dans le voisinage de cette dernière ville.

CAIVS. La notice le cite le vingt-cinquième sur la liste des Évêques de la province Proconsulaire que le roi Hunéric après la réunion de Carthage, en 484, fit exiler avec les autres Évêques. La note ajoutée à son nom indique que Caïus mourut pour la foi loin de son siège. Comme Uzita devait se trouver aux frontières de la Proconsulaire, il n'est pas étonnant que son Évêque ait été compris parmi ceux de cette province.

CLII. — VALENTINIANA.

La notice place dans la province Byzacène Valentiniana qui a dû assurément son nom à l'empereur Valentinien, dont les lois prouvent la bienveillance qu'il eut pour les Africains. Elle a pu avoir auparavant un autre nom comme il est arrivé pour Hadrumète et autres villes.

[1] Bell. afr. cap. 20. n. 41. 50. 51. 56. 63, etc.

ROGATIEN. La notice le nomme le huitième sur la liste des Évêques de la Byzacène qui se rendirent à la réunion de Carthage en 484 et de là furent envoyés en exil par le roi Hunéric.

RODIBAVD. Il signa le dernier la lettre du Concile de la Byzacène adressée, en 641, à l'empereur Constantin, fils d'Héraclius, contre les Monothélites, et il y est nommé *Évêque de la sainte Église de Valentiniana.*

CLIII. — VARTANA.

On ne dit pas à quelle province il faut rapporter Vartana, autrement Bartana, que ce fût une ville ou un bourg ; mais comme son Évêque, à la Conférence de Carthage, est nommé entre deux Évêques de la Byzacène, on peut la placer dans cette province plutôt que dans une autre.

Elle peut fort bien être représentée par les ruines qui se rencontrent dans le Sra Ouartan, situé au-delà d'Althiburus, aux frontières nord-ouest de la Byzacène et de la Proconsulaire. Appien mentionne une ville de Parthon que prit Scipion après la bataille de Zama.

VITAL. Il aurait signé la lettre que saint Athanase écrivit, en 347, du Concile de Sardique à ses prêtres qui administraient les Églises de la Maréotide. Cette lettre fut retrouvée dans le manuscrit de Vérone et publiée par Mafei. Vital y est dit Évêque de Vertara d'Afrique. Mais évidemment la présence de Vital à Sardique paraît extraordinaire.

VICTOR. Il assista à la Conférence de Carthage parmi les catholiques et il doit être regardé comme un adversaire décidé des Donatistes. Car lorsque cette assemblée eut lieu, en 411, et qu'il eut répondu à l'appel[1] : *Je suis présent,* Honorius, Évêque donatiste du même lieu, s'avança et dit : *Par le mal qu'il m'a fait j'ai appris récemment à le connaître.*

Puis, à son appel il déclara[2] : *J'ai donné mandat et j'ai souscrit.*

CLIV. — VASSINASSA.

La notice de 482 nomme ainsi le premier Évêché de la Byzacène, sans donner toutefois le nom de son Évêque. Ce siège devait donc être vacant. Nous n'en savons pas autre chose.

CLV. — VEGESELA.

Vegesela de Byzacène, distincte de Vegesela de Numidie, se trouvait, comme le marque l'Itinéraire d'Antonin, sur la voie de Sufetula à Théveste, à trente milles de

---
[1] Cog. 1. 126.
[2] Ibid. 197.

Sufetula et à vingt milles de Menegese. On croit la retrouver à Henchir Rekba, au pied des montagnes qui séparent le bassin de l'oued Serrat de celui de l'oued el Hatob. Vegesela n'était pas très éloignée de Cillium comme nous l'apprenons par les actes de la Conférence de Carthage.

PRIVAT. Il assista, en 349, avec Abondance d'Hadrumète et les autres Évêques de sa province au Concile de Carthage convoqué par Gratus. Il y proposa le canon suivant[1] : *Il n'est pas permis à un Évêque de recevoir un clerc étranger sans les lettres de son Évêque ; de retenir chez lui ou d'enlever un laïque d'un autre diocèse pour l'ordonner à l'insu de l'Évêque du diocèse auquel il appartient.*

PRIVATIEN. Il se rendit, en 411, à la Conférence de Carthage où, après la lecture de sa souscription, il désigna lui-même son rival, non de Vegesela, mais de Cillium. Il dit, en effet[2] : *J'ai contre moi Donat de Cillium.* Celui-ci dit alors : *J'ai là des diacres ; c'est un peuple voisin ; c'est mon diocèse.* Et comme Privatien lui demandait : *Où se réunissent-ils ?* Donat lui répliqua : *Il est vrai que vous nous avez interdit les lieux et les memoriæ des Martyrs. N'avais-je pas en cet endroit le prêtre Candide ?* c'est-à-dire, n'est-ce pas vous qui avez chassé de là mon prêtre Candide ?

---

[1] Hard. 1. 686.
[2] Cog. 1. 133.

CLVI. — VIBIANA.

Vibiana, distincte de Febiana, appartient comme elle à la province Byzacène. Elle devait, sans doute, son nom à un personnage appelé Vibianus. L'empereur Vibius Gallus fut proclamé dans l'île de Girba. Une dédicace de Telmin, l'ancienne Tamalluma, porte [1] :

```
        SEX . COCCEIO VIBIANO
        PROCOS . PROVINCIAE . AF
        PATRONO M̄ . D . D . P . P .
```

DONATIEN. Victor de Vite rapporte [2] que le roi Hunéric fit donner cent cinquante coups de bâton à Donatien de Vibiana et à Præsidius de Sufetula, et qu'il les envoya en exil pour la seconde fois.

CLVII. — VICTORIANA.

Victoriana était une ville de la province Byzacène qu'il ne faut pas confondre avec la villa Victoriana que saint Augustin dit [3] être à moins de trente milles d'Hippone Royale. Mais, du reste, elle nous est totalement inconnue.

[1] Corpus. 84. cf. n. 14.
[2] Pers. Vaud. 2. 16.
[3] Civ. Dei. 22. 8. 7.

SATVRNIN. Il se rendit à Carthage pour le Concile de saint Cyprien, le troisième sur la question du Baptême, en 255. Il y donna son sentiment le cinquante et unième [1].

GETVLICVS. Il fut du nombre des Donatistes, du parti de Maximien, qui, au Concile de Cabarsussi, en 393, condamnèrent Primien de Carthage, comme on le voit dans la lettre synodale de ce Concile [2].

RVFINIEN. Il figure le quatre-vingt-huitième sur la liste des Évêques de la Byzacène que le roi Hunéric convoqua, en 484, à l'assemblée de Carthage et exila ensuite avec leurs autres collègues. L'opinion de Ruinart que ce Rufinien est l'évêque retiré dans un îlot voisin de la Sicile, que saint Fulgence consulta lorsqu'il songeait à l'Égypte et aux anciennes solitudes des moines, est tout à fait vraisemblable [3].

POMPEIEN. Il se transporta à Constantinople vers la fin de l'année 553 pour assister au cinquième Concile œcuménique, auquel il souscrivit en ces termes [4] : *Pompéien, par la miséricorde de Dieu, Évêque de la sainte Église catholique de la cité de Victoriana, dans la province Byzacène, pareillement.*

---

[1] Hard. 1. 170.
[2] Aug. serm. 2. in ps. 36. n. 20.
[3] In vita Fulg. 13.
[4] Hard. 3. 203

CLVIII. — VICVS ATERII.

Vicus Aterii était, selon la notice, une ville de la Byzacène et elle paraît aussi avoir pris le nom du possesseur de ce domaine. La *gens ateria* était romaine. Gruter la nomme souvent [1]. Le nom des Aterii paraît également dans l'épigraphie africaine. Un groupe de ruines situé dans la Byzacène méridionale, à la limite de la Numidie, porte encore le nom de Bir el Ater.

Le monastère de Præcisu, quoique éloigné et situé au milieu du diocèse de Lepti Minus, dépendait de l'évêque de Vicus Aterii, ainsi que le constatait l'abbé Pierre dans le rapport qu'il présenta à Boniface de Carthage au synode de l'an 525, contre Libérat, primat de cette province, lequel, disait-on, voulait prendre diverses mesures contre les moines [2].

D'autre part, on vient de retrouver à Henchir Zengrou, entre Giufi et Apisa, dans la Proconsulaire, l'inscription suivante [3] :

<pre>
      IMP . CAES . DIVI
     TRAIANI . PARTHICI
       F . DIVI . NERVÆ
      NEPOTI . TRAIANO
       HADRIANO . AVG
       PONTIFICI . MAX   a. 129
       TRIB . POT . XIII
        COS . III . P . P .
       CIVES ROMANI QVI
       VICO HATERIANO
          MORANTVR
</pre>

[1] Ps. 126. et alibi.
[2] Hard. 2. 1087.
[3] Bull. arch. 1893. p. 236.

ROGATIEN. Il était de la secte des Donatistes parmi lesquels il assista, en 411, sans adversaire catholique, à la Conférence de Carthage et, à l'appel de son nom, il répondit[1] : *J'ai donné mandat et j'ai souscrit.*

PACATVS. La notice le porte le quatre-vingt-douzième parmi les Évêques de la Byzacène qui se rendirent, en 484, à la réunion de Carthage et furent ensuite exilés par l'ordre du roi Hunéric avec tous leurs autres collègues.

EVASE. Il signa la lettre du Concile de la Byzacène adressée, en 641, à l'empereur Constantin, fils d'Héraclius, contre les erreurs des Monothélites[2].

CLIX. — VICVS AVGVSTI.

L'Itinéraire d'Antonin, outre un Vicus Augusti de la Proconsulaire, indique une autre ville du même nom dans la Byzacène, à vingt-cinq milles d'Hadrumète, à vingt-cinq ou trente-cinq milles d'Aquæ Regiæ et à trente et un milles de Thysdrus. C'est celle que Ptolémée nomme *Augustus.* Les uns ont cru la reconnaître aux ruines de Sidi el Hani, les autres à celles de Sabra, dans les environs de Kairoan.

PASCASE. Il fut un des Donatistes du parti de Maximien

---

[1] Cog. 1. 198.
[2] Hard. 3. 739.

qui, en 393, condamnèrent Primien au Concile de Cabarsussi. Il est nommé dans la lettre synodale que nous a conservée saint Augustin [1].

ASTERIVS de Vicus parut le dernier parmi les catholiques à la Conférence de Carthage, en 411. Il répondit [2] : *Dans mon territoire il n'y a point avec moi d'autre Évêque.* Le donatiste Urbain de Bicus qui était présent affirma, d'autre part, qu'Asterius lui était inconnu : *Dieu, dit-il, m'est témoin que je ne le connais point.* Puis, à son appel parmi les siens, il répondit [3] : *J'ai donné mandat et j'ai souscrit.*

Si Asterius et Urbain sont tous deux des évêques de Vicus Augusti, ce qui n'est pas absolument prouvé, c'est que l'un appartient au Vicus Augusti de la Proconsulaire et l'autre à celui de la Byzacène.

Du reste, il avait pu être ordonné en route, comme cela eut lieu pour d'autres Donatistes.

CLX. — VITA.

Que ce fût une ville ou une bourgade, on ne la trouve point dans les géographes ; mais son évêque, Victor de Vite, écrivain de mérite, jouit d'une grande célébrité. Il a été reconnu, en effet, que c'est à tort et contre l'autorité

---

[1] Aug. serm. 2. in ps. 36. n. 20.
[2] Cog. 1. 143.
[3] Ibid. 206.

des anciens manuscrits que plusieurs l'avaient nommé Évêque d'Utique, au lieu d'Évêque de Vite. La notice nous apprend que Vita était dans la province Byzacène, tandis que Utique est dans la Proconsulaire.

Les géographes ne nous font connaître en Byzacène que la ville d'Uzita, dont nous avons parlé, et d'Avidus qui est aussi comprise parmi les Évêchés que nous avons énumérés. Ils annoncent également le municipe de Zita entre Tacapas et Sabrata, au-delà de la Byzacène.

Il y avait aussi plusieurs Avitta, dont une se trouvait dans la Proconsulaire.

Le nom de Vita est-il altéré ? Il ne paraît que deux fois dans les monuments ecclésiastiques, savoir, en tête de l'histoire de la persécution Vandale et dans la notice de 482. Vitensis peut fort bien être une mauvaise lecture de Vicensis. Or, le Vicus Augusti de la Byzacène ne figure pas dans la notice de 482.

PAMPINIEN, autrement Papinien. Victor de Vite en fait mention dans son histoire qu'il écrivit en 487 ou 490, et il indique que Pampinien vivait près de soixante ans auparavant, au temps où Genséric sévissait contre les catholiques. *Alors*, dit-il [1], *on brûla tout le corps de Pampinien, le vénérable Évêque de notre cité, avec des lames de fer rougies au feu*. Et il ajoute que l'évêque Mansuet d'Urusi fut aussi brûlé à la porte d'Urusi qu'on appelait la porte de Furni. Vita se trouvait-elle donc dans la région d'Urusi et de Furni, à la frontière de la Byzacène et de la Proconsulaire ?

A Henchir Beni Darradj, au-delà de Zaghouan, sur la route de Hammamet, et par conséquent aussi à la fron-

---

[1] 1. 3.

tière des deux provinces, un monument semble porter la mention de la *civ(itas) Vita* [1]. Les martyrologes honorent la mémoire de Pampinien le quatre des calendes de décembre.

DIADOCVS. Il est dit, par un interlocuteur, dans la préface de l'histoire de la persécution Vandale de Victor de Vite, que celui-ci fut élevé par un pontife digne de toute louange, par le bienheureux Diadocus. Cet Évêque aurait donc été prédécesseur de l'historien.

VICTOR. Il figure le quarante-quatrième sur la liste des Évêques de la province Byzacène que le roi Hunéric exila, en 484, après la réunion de Carthage. Mais au nom de Victor on lit cette annotation : *il ne se présenta pas, non occurrit.* Elle semble indiquer qu'il avait pris le parti de fuir, quand se tint la réunion de 484. Il n'est pas du tout certain que ce Victor soit le primat de la Byzacène, mentionné dans la vie de saint Fulgence [2]. Dans les anciens manuscrits il est parfois appelé saint. Sa mémoire est aussi honorée dans les martyrologes le dix des calendes de septembre. Dans la belle histoire où il nous fait connaître tant d'excès de la fureur Vandale et tant d'actes glorieux de la part des catholiques, on voit briller d'une manière admirable sa religion et sa piété.

---

[1] Corpus suppl. 12435.
[2] N. 34.

CXLI. — ZELLA.

Strabon place Zella et Achulla, villes libres, dans la Byzacène [1], dans la région de Ruspina et de Thapsus. Est-ce là même que Zeta de Hirtius, que celui-ci place dans la même région [2]? Il y avait, en Numidie, une ville appelée Lamzella.

Nous avons parlé, à l'article de Thelepte, d'un Concile tenu à Zella. Nous ferons remarquer ici que, à la Conférence de 411, il y avait un Donatien de Thelepte et un Donatien de Zella parmi les Évêques catholiques, et il s'y trouvait, d'autre part, un Natalicus de Zella et un Natalicus de Tela, parmi les évêques donatistes. D'après les manuscrits, le Concile dont nous venons de faire mention, fut présidé par Donatien de Thelepte, autrement de Tela ou de Zella.

Disons encore qu'il y a, au sud-ouest de Thugga Terebinthina, un groupe de ruines appelées Zellez.

DONATIEN de Zella. On le trouve parmi les Évêques catholiques qui, en 411, se rendirent à la Conférence de Carthage. Après la lecture de sa souscription, il dit [3] : *J'ai pour adversaire Natalicus,* lequel s'avança et répondit : *Je le connais.* A son appel parmi les Donatistes, Natalicus de Tzella ajouta [4] : *J'ai donné mandat et j'ai souscrit.* Alors l'évêque catholique Maximin de Sufes fit une re-

[1] 17. 3. 12.
[2] Bell. afric. 28. 74.
[3] Cog. 1. 135.
[4] Ibid. 163.

marque : *C'est le diocèse de l'évêque Musonius ; il y a ses prêtres et un peuple plus nombreux que celui-ci.* Il semblerait donc qu'il y a ici quelque mystère, d'autant plus que Lamzella n'avait à cette époque qu'un évêque donatiste appelé aussi Donatien comme les Évêques catholiques de Zella et de Thelepte.

Quant à Musonius, nous savons qu'il était primat de la Byzacène en 397 et qu'en 359 assistait au Concile de Sardique un Évêque du même nom. Dans l'une et l'autre circonstance Musonius est dit Évêque de la Byzacène et le nom de son siège n'est pas indiqué.

TRIPOLITAINE

I. — GIGTHI.

Ce nom désigne la ville que l'Itinéraire d'Antonin appelle le municipe de Gitti. Il était situé entre la ville de Fulgurita et le municipe de Ponte Zita. C'est la Gigthis de Ptolémée. La table de Peutinger la place à quinze milles de Templum Veneris et à dix-sept milles du municipe de Ziza. Gigthi est représentée par les ruines de Henchir Djorf Bou Grara. C'est ce que démontrent plusieurs inscriptions [1].

```
        L . SERVAEO . Q . F .
           QVIR . FIRMO
     S . P . Q . GIGTHENSIS . OB
        MERITA . IN . REMP . ET
       SINGVLAREM . IN . SING
        VNIVERSOSQ . MVNIFI
       CENTIAM . P . P . PONENDAM
         DECREVIT . QVAM . CVM
         REMISISSET . HONORE
           CONTENTVS . ORDO
        POPVLVSQ . CVM . INCOLIS
        SVA . P . P . CVRAVERVNT
```

Ces inscriptions nous apprennent que Gigthi avait sa municipalité, son sénat, et que sa population comprenait des citoyens et des étrangers. Au temps de l'empereur Valentinien, elle avait encore des *sacerdotales* qui étaient sans doute chrétiens, comme ceux de Cuiculum dont nous

[1] Eph. 5. 253. Cf. Corpus. 26. 30. etc.

avons reproduit l'épitaphe à l'article de cette ville de la Numidie[1].

Voici, du reste, le texte de l'inscription, qui est curieuse à plus d'un titre :

```
         QVINTO . FL . P . P . SAC . PROV
         SALVIS AC TOTO ORBE VINTIBVS        (sic).
         DDDD NNNN FFFF LLLL
         VALENTINIANO THEODOSIO
         ARCADIO ET MAXIMO SEMP AVGVST
         OB MERITVM MAGNIFICE LEGATI
         ONIS QVAM PRO VOTO TOTIVS
         PROVINCIAE EXECVTVS EST ET PE
         REGIT QVINTVS VIR LAVDABILIS
         SACERDOTALIS HVIC CVPIENS
         COMPETENTIBVS MERITIS
         RESPONDERE TOTIVS PRO
         VINCIAE CONSILIO AD
         DECRETO         ORD
              N
              I              PO
              S . P . P
```

Les ruines de Gigthis, étalées sur un plateau accidenté, couvrent un espace considérable. Sur plusieurs monticules on distingue les restes de belles constructions. Le port, dont parle Scylax, est situé au sud de la ville, mais au nord il y avait aussi un bon mouillage. L'auteur arabe Tidjani donne à la plaine de Gigthi le nom de Tadjghet ; c'est l'appellation antique avec le *ta* berbère. Nous verrons que Tacapas au contraire a perdu le préfixe berbère ou lybien. Le forum de Gigthi formait un rectangle de soixante mètres sur quarante ; il était pavé de grandes dalles.

CATVLIN. Il assista, en 411, avec les Évêques catholiques, à la Conférence de Carthage, et après avoir répondu à l'ap-

---

[1] Corpus. 27.

pel de son nom, il rendit témoignage de son église [1] : *Elle a*, dit-il, *l'unité*. Ce que Valentinien, diacre de Primien, confirma en ajoutant : *Nous n'y avons personne.*

La basilique de Gigthi, avec son baptistère et ses annexes, a été mise récemment à découvert.

II. — GIRBA I.

Il est certain qu'il y eut, en Afrique, deux Évêchés portant le nom de Girba, car, au Concile de Carthage, sous Boniface, on trouve à la fois deux Évêques de ce nom, Vincent et Donat, tous deux catholiques et à la tête d'églises différentes.

Pour se rendre compte de ce fait, il suffit d'admettre que la grande île qui porte encore le nom de Girba a eu plusieurs Évêques, ce qui ne doit pas étonner, puisque toutes les villes d'Afrique un peu considérables formaient des Évêchés. Or, l'île de Girba compta plusieurs villes importantes. La table de Peutinger en compte quatre principales. Ptolémée en nomme deux : Gerra et Méninx, appelée plus tard Girba.

Les deux Évêques de Girba ont pu très bien porter le même titre, et si l'on considère que les manuscrits donnent les variantes Girba, Gerba, Girpa, Girma, Girva, Greba, Gerva, etc., on peut admettre que les deux Évêchés sont ceux de Gerra et de Girba. On peut encore admettre que

[1] Cog. 1. 133.

Gerva est une altération de Gergis et que Gervitanus est mis pour Gergitanus. Or, Gergis est la moderne Zarzis, ville située sur le littoral, au sud de Girba et dans la même province Tripolitaine.

Rien par conséquent ne nous force à admettre que l'un des deux Évêchés de Girba appartient à la Proconsulaire. Le nom des autres villes de Girba sont : Tipasa, Haribus et Uchium.

Ce point mis en lumière, nous dirons que Girba est appelée par Ptolémée l'île des Lotophages, que les empereurs Gallus furent proclamés dans l'île de Méninx qu'on appelait déjà alors l'île de Girba [1]. Strabon et Pline nomment également l'île et la ville de Méninx. L'île était située près de la petite Syrte et faisait partie de la Tripolitaine.

Girba semble avoir été le nom de l'île dès la plus haute antiquité, et Méninx, qui était la ville principale, donna à une certaine époque son nom à l'île dont elle était la capitale.

Girba devait sa renommée à la pourpre qui s'y préparait et servait aux teintures réservées aux Empereurs. C'est à ce fait que se rapporte *le Procurateur* de l'atelier de teinture de Girba de la province Tripolitaine dont il est fait mention dans la notice de l'Empire.

Les ruines de l'antique Méninx ou Girba portent aujourd'hui le nom d'El Kantara qui lui vient d'un pont servant à relier l'île au continent. On y a découvert une basilique à trois nefs. Dans la nef de droite était un riche tombeau recouvert d'une plaque, sur laquelle entre quatre monogrammes et quatre palmes étaient gravés ces mots : *Egnatia, puella, vicsit in pace annis XXI* [2]. Egnatius

---

[1] Victor. de Cæs. 31.
[2] Acad. des Inscr. 1882. p. 180.

était un nom que portaient les empereurs Gallien et Gallus.

Girba appartient aujourd'hui à la Tunisie. Sa population est berbère et nombreuse. L'île fut jadis soumise aux Espagnols.

MONNVLVS. Il assista à Carthage, en 255, au troisième Concile de saint Cyprien sur la question du Baptême. Il y fit connaître son sentiment le dixième [1].

PROCVLVS. Il était de la secte des Maximianistes avec lesquels il assista, en 393, au Concile de Cabarsussi. Il en signa la lettre synodale en son propre nom et au nom de Gallonius son collègue [2].

QVODVVLTDEVS. Il fut l'un des Évêques catholiques qui, en 411, assistèrent à la Conférence de Carthage. Lorsque, à l'appel de son nom, il eut répondu [3] : *Je suis présent*, le donatiste Evasius se présenta contre lui et dit : *Je le connais*. Et lui-même répondit à son appel [4] : *J'ai donné mandat et j'ai souscrit*.

VRBAIN. C'est lui que Victor de Vite mentionne parmi ceux que le roi Genséric exila vers l'an 450 [5] : *Si par hasard*, dit Victor, *quelqu'un, comme cela arrive d'ordinaire, lorsqu'on prêche au peuple de Dieu, nommait Pharaon, Nabuchodonosor, Holopherne, ou tout autre tyran semblable, on l'accusait de désigner ainsi la personne du roi et aussitôt il était condamné à*

[1] Hard. 1. 163.
[2] Aug. serm. 2. in ps. 36. n. 20.
[3] Cog. 1. 126.
[4] Ibid. 199.
[5] Pers. Vaud. 1. 7.

l'exil. Ce genre de persécution était pratiqué ici ouvertement, là en secret, afin de supprimer par ces indignes manœuvres les hommes les plus pieux. C'est ainsi que nous avons vu alors exiler bon nombre d'Évêques, comme Urbain de Girba, le métropolitain Crescent de la cité d'Aquæ qui était le Primat de cent vingt Évêques, Habetdeum de Theudala, Eustrate de Sufès et les deux Tripolitains Vincent de Sabrata et Cresconius d'Oea. Il est vrai, Victor semble mettre Urbain parmi les Évêques de la Byzacène ; mais la vérité est qu'il ne suit aucun ordre, car Habetdeum est cité entre les Évêques de la Byzacène, bien qu'il soit de la Proconsulaire. A la fin de son texte il faut donc lire *deux autres Tripolitains.*

L'Évêque Urbain est honoré le vingt-huit novembre.

FAVSTIN. Il figure le troisième des cinq Évêques de la province Tripolitaine mentionnés avec les autres par la notice de 482 et qui furent envoyés en exil par le roi Hunéric après la réunion de Carthage en 484.

VINCENT. Il assista comme légat de la province Tripolitaine au Concile de Carthage réuni sous Boniface en 525 et il signa un des premiers en cette qualité [1]. Il est encore fait mention de lui dans ce même Concile, lorsque, au second jour, les Évêques qui avaient apporté la lettre du Concile de Junca à Boniface, demandaient que *Vincent, Évêque de Girba, de la province Tripolitaine, fût mis en demeure de rendre les centres de population qu'il paraissait avoir usurpés sur l'Eglise de Tamal-*

---

[1] Hard. 2. 1081.

*luma*¹. Il est appelé dans les Actes Évêque de Gerva ou Girva et il est question du peuple de Sasisa, d'Umbriana et de Villa Minor. Assurément ces populations appartenaient au continent et non à l'île de Girba, et dès lors nous serions inclinés à considérer Vincent comme Évêque de Gergis.

III. — GIRBA II.

La seconde Girba, si ce n'est la même que Gergis dont nous avons parlé, et si ce n'est Gerra, seconde ville de l'île de Méninx, ne saurait être que le titre du second Évêque de l'île de Girba. Nous en avons parlé amplement à l'article précédent. Nous ajouterons que Gergis, aujourd'hui Zarzis, est située sur le littoral, au sud de Girba, à cinq milles à l'est de Zitha. Le stadiasme met la tour de Gergis à cent cinquante stades de Méninx.

GALLONIVS. Il ne put assister, en 393, au Concile de Cabarsussi ; il y fut représenté par son collègue Proculus qui signa pour lui la lettre synodale. Son titre n'est pas indiqué, mais il est probable que c'était aussi un Évêque de Girba².

DONAT. Il souscrivit le dernier au Concile de Carthage réuni sous Boniface en l'année 525³.

---
¹ Hard. 2. 1085.
² Aug. 2 serm. in ps. 36 n. 20.
³ Hard. 2. 1082.

IV. — LEPTIS-LA-GRANDE.

Leptis, ordinairement surnommée la Grande, parce qu'il y avait une Leptis-la-Petite dans la province Byzacène, était une ville très illustre de la province Tripolitaine. Elle fut, au témoignage de Spartien, d'Eutrope et d'Aurelius Victor, la patrie de l'empereur Sévère. Sur les anciennes monnaies, elle est appelée *colonia Victrix Julia*. Dans les auteurs, elle est appelée Lepti Majus, Leptis Magna. Ces noms, d'origine étrangère, se mettaient à divers cas et étaient de divers nombres et de divers genres qui devenaient indéclinables dans la langue latine. Salluste et Pline disent que Leptis fut fondée par les Phéniciens, mais il en est de cette ville comme de beaucoup d'autres localités africaines qui ne prirent d'importance réelle que quand elles eurent des relations avec les négociants orientaux.

Leptis était située entre les deux Syrtes, près de la rivière Cinyphe, aujourd'hui l'oued Kaan. Elle fut embellie par Justinien, après qu'il eut repris l'Afrique. Il l'entoura de remparts, y restaura la maison de l'empereur Sévère et y érigea cinq églises nouvelles dont il dédia la principale à la sainte Mère de Dieu, comme Procope le rapporte au sixième livre de son ouvrage sur les édifices de Justinien. Il y avait aussi dans la région de Leptis une station militaire, commandée par un officier chargé de surveiller la frontière et de la protéger contre les incursions des barbares. Il était sous les ordres du comte d'Afrique et du Dux de la province Tripolitaine, comme nous le fait connaître la notice de l'Empire d'Occident.

Leptis, comme les autres villes Lybiennes, fut d'abord administrée par des Sufètes [1] ; elle reçut plus tard le titre de municipe [2] ; puis celui de *colonia Ulpia Trajana* [3]. Elle obtint enfin de Sévère qui y était né le droit italique [4]. Le Périple, Strabon et Ptolémée donnent à Leptis le nom de Neapolis, qui désignait proprement un quartier de la ville. Riche et peuplée, Leptis eut à lutter contre deux ennemis qui finirent par avoir raison d'elle : les nomades et les sables mouvants. En vain Justinien la releva ; elle reste aujourd'hui tout entière ensevelie sous les sables.

En 883, selon la notice de Léon le Sage, Leptis avait encore un Évêque.

DIOGA. Il était contemporain de saint Cyprien et dans le Concile de Carthage de 255, Natalis d'Oea vota pour lui parmi les derniers : *Non seulement moi ici présent*, dit-il [5], *mais Pompée de Sabrata et aussi Dioga de Leptis Magna qui, absents de corps mais présents d'esprit, m'ont fait leur mandataire, nous pensons comme nos collègues,* etc.

SALVIEN. Il était de la secte des Donatistes parmi lesquels il assista, en 411, à la Conférence de Carthage où à l'appel de son nom il dit [6] : *J'ai donné mandat et j'ai souscrit,* sans rien ajouter au sujet d'un Évêque catholique.

Du reste, il est appelé simplement Évêque de Leptis, ce

---

[1] Corpus. 7.
[2] Ibid. 8.
[3] Ibid. 10.
[4] Dig. 15. 8. 11.
[5] Hard. 1. 178.
[6] Cogn. 1. 208.

qui, à la rigueur, peut désigner un Évêque des Castra Leptitana situés dans la montagne même de Leptis.

Nous croyons, en effet, que l'Évêque Primulien, dit de Luci magna, maximianiste, appartient à Leptis Magna et qu'il y a dans son titre une erreur de copiste.

CALLIPÈDE. Il figure le premier des cinq Évêques que comptait la province Tripolitaine en 484, lorsqu'ils se rendirent à Carthage, sur l'ordre du roi Hunéric, et furent, après cette réunion fameuse, exilés avec tous les Évêques catholiques.

V. — LVCIMAGNA.

C'est une ville inconnue, mais que nous pensons être la même que Leptis Magna dont nous venons de parler. C'est pourquoi nous la plaçons ici.

PRIMVLIEN. Il était donatiste et même maximianiste et en cette qualité il assista d'abord, en 393, au Concile de Cabarsussi, contre Primien de Carthage [1], puis il se trouva, en 411, à la Conférence de Carthage où à l'appel de son nom il dit [2] : *J'ai donné mandat et j'ai souscrit; je n'ai pas de compétiteur.*

Il y eut, du reste, comme il vient d'être dit, à la Confé-

---

[1] Aug. serm. 2. in ps. 36. n. 20
[2] Cog. 1. 198.

rence de 411, un autre Évêque donatiste de Leptis, nommé Salvien. Celui-ci répondit à l'appel de son nom : *J'ai donné mandat et j'ai souscrit,* sans rien ajouter au sujet d'un Évêque catholique.

En présence de cette difficulté, on peut supposer, pour la résoudre, que Leptis Magna avait un Évêque Maximianiste et un Évêque donatiste. On peut supposer encore que les Castra Leptitana, qui se trouvaient dans la montagne de Leptis, avaient leur Évêque distinct.

VI. — OEA.

Il n'est pas de géographe qui ne cite l'insigne colonie d'Oea, de la province Tripolitaine, quoiqu'ils écrivent son nom avec quantité de variantes qu'il faut attribuer aux copistes. Tacite dit de Valerius Festus qui commandait la légion en Afrique pendant la guerre de Vitellius [1] : *Il met bientôt fin aux hostilités entre les habitants d'Oea et ceux de Leptis, qui, après avoir commencé par des vols de grains et de troupeaux, en étaient venus aux armes et aux batailles rangées.*

Nous savons, par saint Augustin [2], qu'une statue fut décrétée, en l'honneur d'Apulée de Madaure, par les habitants d'Oea, patrie de sa femme.

C'est à Oea, selon le même saint Augustin, que se passa

[1] Hist. Lib. 4. 50.
[2] Ep. 138. 19.

le fait fameux relatif à la cucurbite de Job [1]. Oea fut probablement une des plus anciennes villes de la côte africaine, car son port en fait le débouché du Soudan. Son titre de colonie doit dater du règne de Septime Sévère, le bienfaiteur de la province. Solin cite Oea parmi les trois cités libres dont fut composée la Tripolitaine et qui lui valurent son nom.

Oea fut détruite au quatrième siècle par les Austuriens, tribu de Maures. Il reste de son antique splendeur un arc de triomphe élevé en l'honneur de Marc Aurèle et de Verus. Elle se releva de ses ruines et elle est restée jusqu'aujourd'hui, sous le nom de Tripoli de Barbarie, une ville importante qui a à sa tête un préfet apostolique de l'ordre des Capucins.

Le nom d'Oea se lit sur un monument de Théveste [2] :

```
        M . AEMILIO
         CLODIANO
      EV PROC AVGG NN
         PATRIMONII
      REG LEPTIMINENSIS
        ITEM PRIVATAE
       REG TRIPOLITANAE
     OB  SINGVLAREM . EIVS
         INNOCENTIAM
           OEENSES
           PVBLICE
```

Un fragment d'inscription conservé au musée de Naples mentionne les *Oenses ex provinc(ia) afr(icana)* [3].

La notice de Léon le Sage dit qu'en 883 Oea avait encore un Évêque.

[1] Ep. 71. 5.
[2] Eph. vii. 717.
[3] Corpus. x. 1684.

NATALIS. Il assista au troisième Concile que saint Cyprien réunit à Carthage, en 255, sur la question du Baptême. Il fut le quatre-vingt-troisième à donner son avis, tant en son nom propre qu'au nom de Pompée de Sabrata et de Dioga de Leptis Magna, qui étaient absents [1].

MARINIEN. Il était donatiste et assista, sans adversaire, en 411, à la Conférence de Carthage où à l'appel de son nom il dit [2] : *J'ai donné mandat et j'ai souscrit.*

CRESCONIVS. Il était déjà Évêque sous Genséric, qui, au rapport de Victor de Vite [3], le condamna d'abord à l'exil. La notice de 482 prouve qu'il se rendit plus tard à la réunion de Carthage convoquée par le roi Hunéric. Elle le nomme le quatrième parmi les Évêques de la Tripolitaine avec lesquels il fut de nouveau exilé. L'Église romaine en fait mention dans son martyrologe le vingt-huit novembre avec Valérien, Urbain et d'autres Évêques qui, condamnés à l'exil, y terminèrent leur vie.

Oea eut ensuite des Évêques titulaires :

Jean-Philippe Burcard, 3 avril 1685 ;

Théodore de Ludinghans Wolf, 14 mars 1701 ;

Gabriel Kanc, 29 avril 1746 ;

Laurent de Chéry, 13 janvier 1759 ;

Joseph-Léon Lapacinsky, 15 avril 1776.

Ferdinand Siciliani, 23 juin 1828 ;

Juste Recanati Camerte, 3 juillet 1848 ;

Léon François Sibour, auxiliaire de l'archevêque de Paris, 24 décembre 1852 ;

---

[1] Hard. 1. 169.
[2] Cog. 1. 201.
[3] Pers. Vaud. 1. 7.

Jean Williams, 23 décembre 1865 ;
Philippe Manetti, 22 février 1867 ;
Alexandre Grossi, 3 avril 1876.

VII. — SABRATA.

Pline indique ainsi l'emplacement de cette ville célèbre de la Tripolitaine : *Sabrata,* sur *la petite Syrte*[1]. Dans l'Itinéraire d'Antonin, elle porte le titre de colonie et elle est regardée par Isidore de Séville[2] comme une des trois grandes villes qui firent donner à cette province le nom de Tripolitaine, ce que Solin avait déjà auparavant indiqué en ces termes[3] : *Les Grecs lui donnent dans leur langue le nom de Tripoli à cause des trois villes d'Oea, de Sabrata et de Leptis Magna.* Procope[4] dit que Sabrata fut fortifiée par Justinien qui y fit construire une belle église.

Les auteurs arabes désignaient cette ville sous le nom de Sabrat en Nefousa, d'une puissante peuplade, jadis chrétienne, appelée des Nefousa. Sabrata est représentée aujourd'hui par le bourg de Zouagha, le vieux Tripoli. Elle était située un peu au nord, sur le littoral ; ses remparts dessinent un vaste périmètre. On y remarque les ruines d'un amphithéâtre et d'une jetée. L'épouse de Vespasien,

---

[1] Hist. nat.
[2] Orig. 13. 5.
[3] Polyhist.
[4] De æd. 6

Flavia Domitilla, était fille de Statilius Capella de Sabrata[1]. Le nom de Sabrata se lit sur un monument de Théveste[2] :

> M. Aemilio
> Clodiano
> e. v. proc. augg. nn.
> patrimonii
> reg. Leptiminensis
> item privatæ
> REG . TRIPOLITANAE
> OB . INSIGNEM . EIVS
> innocENTIAm
> SABRATENSES
> PVBLICE

Si Sabrata est le Sibon de la notice de Léon le Sage, elle avait encore un Évêque en 883.

POMPÉE. Il était à la tête de l'Église de Sabrata au temps de saint Cyprien, car il chargea Natalis, qui se rendait d'Oea au Concile de Carthage de l'an 255, de faire connaître son sentiment sur la réitération du baptême des hérétiques[3].

NADOS. Il assista parmi les Évêques catholiques à la Conférence de Carthage de 411. Après la lecture de sa souscription il dit[4] : *J'ai eu un compétiteur ; maintenant, je n'en ai pas.* Il désignait ainsi Donat, qui était Maximianiste et qui, ayant assisté, en 393, au Concile de Cabarsussi[5], avait été, l'année suivante, condamné avec les autres consécrateurs de Maximien par le Concile de Bagaï[6].

---

[1] Ant. Afric. 1885. p. 58.
[2] Eph. vii. 718.
[3] Hard. 1. 178.
[4] Cog. 1. 133.
[5] Aug. serm. 2. in ps. 36. n. 20.
[6] Aug. cont. Cresc. 4. 4.

VINCENT. Victor de Vite le mentionne parmi les Évêques exilés par Genséric [1], pour avoir attaqué dans leurs sermons la personne du roi sous le nom de Pharaon, de Nabuchodonosor ou d'Holopherne. C'est ainsi, en effet, que les Ariens interprétaient le langage des Évêques et les désignaient à la haine malgré leur innocence. L'exil de ces Évêques se rapporte à l'année 450 ou environ.

LÉON. Il est le second des cinq Évêques de la Tripolitaine que le roi Hunéric appela à la réunion de Carthage en 484 et condamna ensuite à l'exil avec leurs autres collègues.

VIII. — SINNIPSA.

On ne trouve aucune indication de cette ville chez les anciens géographes, qui mentionnent seulement un oppidum Cinyps entre Oea et Leptis Magna. Mais c'est un bien pauvre renseignement.

VILLATICVS. Cet Évêque se rendit à Carthage, en 411, pour la Conférence. Il y signa parmi les catholiques et après la lecture de sa souscription il rendit ce témoignage de son église [2] : *L'unité y existe*. Et aucun donatiste ne réclama.

---

[1] Pers. Vaud. 1. 7.
[2] Cog. 1. 133.

IX. — TACAPAS.

Tacapas est appelée colonie dans l'Itinéraire d'Antonin. Elle était voisine de la province Byzacène, mais elle se trouvait cependant dans la Tripolitaine. Il est fait mention de cette ville dans le code Théodosien, où il est dit que Draconce, vicaire d'Afrique, y reçut la loi de Valentinien et de Valens *sur le châtiment de ceux qui refusent de comparaître devant le juge et son conseil* [1]. C'était un point important et plusieurs routes partent de là et y aboutissent. Tacapas n'a rien perdu de son importance et sous le nom à peine altéré de Gabès elle commande encore toute cette région extrême de la Tunisie. Elle se trouve dans une oasis et comprend deux bourgs principaux : Menzel et Djara. Strabon nous apprend que c'était le principal entrepôt de la petite Syrte ; elle l'est encore aujourd'hui. Le nom de Tacapas paraît sur plusieurs bornes milliaires. L'une d'elles porte A TACAPAS, qui montre bien que ce nom était à l'accusatif et qu'il était indéclinable [2]. La forme *Tacapes* qui se lit sur une autre borne [3] rend encore mieux compte de l'appellation actuelle débarrassée du préfixe lybien.

DVLCITIUS. Aurèle parle de lui en ces termes au Concile de Carthage de l'an 403 [4] : *J'ai appris que mes frères de la Tripolitaine avaient choisi pour légat notre frère*

---

[1] 11. 30. 33.
[2] Corpus. 10022. 10025.
[3] Ibid. 10023.
[4] Hard. 1. 914.

Dulcitius. Cet Évêque assista aussi, en 411, à la Conférence de Carthage où après la lecture de sa souscription il dit[1] : *J'ai quelqu'un contre moi.* Mais quel était ce compétiteur ? Valentinien, diacre de Primien, le fit connaître en disant : *Il s'appelle Félix, il est ici, mais il est malade.*

SERVILIVS. Il est le cinquième des Évêques de la province Tripolitaine qui vinrent à Carthage en 484 pour y assister à la réunion convoquée par le roi Hunéric et dont la conclusion fut l'exil pour lui et pour tous les autres Évêques.

CAIVS, autrement Gallus. Les Évêques de sa province l'envoyèrent comme légat au Concile que Boniface tint à Carthage en 525[2].

X. — VILLA MAGNA.

L'Évêque Donatiste de Villa Magna, cité parmi ceux de la même secte à la Conférence de Carthage, prouve qu'il existait une ville de ce nom distincte de celle de la Proconsulaire. Nous l'attribuons à la Tripolitaine. L'Itinéraire d'Antonin, en effet, la place à trente milles de Ponte Zitha et à trente et un milles de Fisinda. On a cru la reconnaître à Heuchir Abdeïn sur le littoral de la Syrte à douze milles

---

[1] Cog. 1. 133.
[2] Hard. 2. 1082 et 1075.

et demi au-delà du point où la voie romaine franchissait le canal de Mers-el-Lif.

ROGATIEN. A l'appel de son nom dans la Conférence de Carthage, en 411, il répondit[1] : *Je n'ai point d'adversaire*. On ne peut donc le rapporter à Villa Magna de la province Proconsulaire dont l'Église, au témoignage d'Augendus, était uniquement catholique.

Cog. 1. 182.

Additions et corrections à la province Proconsulaire.

ABTHVGNI.

Le vrai nom et la situation véritable du municipe d'Abthugni sont aujourd'hui connus. Il faut lire Abthugni et non Abtunga, et c'est à Henchir es Souar, non loin de Furni et de Zama, qu'il faut la placer, d'après le texte suivant qui y a été trouvé [1] :

C . IVLIO . MAXIMO . EQVO . PVBLICO
EXORNATO . AEDILICIO . QVAESTO
RIO . SPLENDIDISSIMAE . COL . IVL .
AVRELIAE . ANTONIANAE . KARTHA
GINIS . CVRATORI . REIPVBLICAE
SPLENDIDIsimi mVNICIPII . AB
THVGNI TANORVM . OB . INSIGNEM
EIVS . ERGA . REMPVBLICAM . ET . OR
DINEM . ET . VNIVERSOS . CIVES . AD
FECTIONEM . ET . SIMPLICITATEM
ORDO . SVA . PECVNIA . POSVIT

[1] Bull. arch. 1893. p. 226.

SEMTA.

Nous avons émis un doute sur le nom de Zemta. Une découverte, faite à Henchir Zemda, entre l'oued Miliane et le Djebel Bent Saïdan, nous apprend que Zemta ou Zemda était bien la prononciation locale, mais que le vrai nom romain était Semta. C'est ce qui est établi par les deux textes qui suivent[1] :

```
        VLPIAE SAE
       VERINAE PIAE
          CONIVGI
       D . N . IMP . CAES .
       L . C . DOMITII AVRE
       LIANI PII FELICIS
       AVG . Municip . aVG .
       SEMta devot . nuM .
       MAjestatiq. ejuS
        m . FLAVIO VA
         LERIO CON
          STANTIO
          NOBILISSI
          MO . CAES .
          AVG . SE
          MTE nse S
           P u B .
          D . D . P . P
```

[1] Bull. arch. 1893. p. 222.

SVTVNVRCA.

Nous l'avons fait connaître sous le nom de Tubernuca, qui appartient à une autre ville. Un texte, récemment trouvé à Henchir Aïn el Askeur, nous apprend le vrai nom de la ville :

IMP . CAES . DIVI M . ANTONINI PII
GERM . SARM . FIL . DIVI ANTONINI PII
NEP . DIVI HADRIANI PRONEP . DIVI
TRAIANI PART . ABN . DIVI NERVAE ADN.
L . SEPTIMIO SEVERO PIO PERTINACI AVG .
ARAB . ADIAB . P. P. PONT . MAX . TRIB . POT . III . a. 195
IMP . VII . COS . II . PROCOS .
CIVITAS SVTVNVRCENSIS D . D . P . P . [1]

Les ruines de la cité se voient à l'extrémité d'un contrefort du Djebel Barron, à l'ouest de la route de Tunis au pont du Fahs.

Dans les manuscrits, nous trouvons le nom correct de la ville *Sutunurcensis* avec les variantes qui suivent : *Vturnicensis, Suturnicensis, Quaturnicensis, Suturgensis, Urgonensis*.

[1] Bull. arch. 1893. p. 203

THAGARI.

Il y eut, en Afrique, deux villes de ce nom, savoir Thagari Majus et Thagari Minus. C'est à Henchir Tell el Caïd, autrement Aïn Tlit, que l'on a retrouvé Thagari Majus, d'après ce texte [1] :

IMP . CAES . M . AVR . V
CLAVDIO PIO F . AVG .
PONT . MAX . TRIB .
POT . II . COS . II . PRO a. 269.
COS .
MVNICIPIVM THAGA
RITANVM MAIVS DE
VOTVM NVMINI MA
IESTATIQVE EIVS
D . D . P . P .

Ce n'est donc pas Tituli qu'il faut reconnaître à Aïn Tlit, mais, sans doute, Tagarata ou Tagara, autre ville épiscopale de la Proconsulaire.

[1] Bull. arch. 1893. p. 216.

APPENDICE

APPENDICE

I

VARIANTES QUI SE TROUVENT DANS LES LISTES DES ÉVÊQUES MAXIMIANISTES QUI ONT ASSISTÉ AU CONCILE DE CABARSUSSI DE L'AN 393.

Liste des Manuscrits employés pour la recension.

Codex Bibl. Arsenal. Paris. = A 1. n. 299. — XIV sec.
Cod. Bibl. nation. Paris. = N. n. 15647.
Cod. Bibl. Angel. Rome. = A 2. S. 1. 9. — XII sec.
Cod. Bibl. Mazar. Paris. = M 1. n. 280. — XI sec.
    —   —   —   = M 2. n. 281. — XIII sec.
Cod. Bibl. Atreb.   = A 3. n. 618. — XI sec.
Cod. Vatic. Reg.   = V 1. n. 30. — XI sec.
    —   lat.   = V 2. n. 453. — XII sec.
    —   ottobon.   = V 3. n. 358. — XIII sec.
    —   lat.   = V 4. n. 451. — XIV sec.
    —   —   = V 5. n. 454. — XV sec.
    —   Vrbin.   = V 6. n. 74. — XV sec.
— Bibl. Arsen. Paris. = A 4. n. 355. — XIII sec.

Victorianus Munatianensis. A 1. Munatiamensis. — N. Victorinus. — A 2. Victorinus. — M 1. Victorinus Municianensis. — M 2. Victorinus. — A 3. Victorinus. — V 1. Victorinus Munatienensis. — V 3. Victorinus. — V 4. Victorinus Munacianensis. — V 5. Victorinus. — V 6. Victorinus. — A 4. Victorinus Munacianensis.

Fortunatus Dionysianensis. N. Dionisianensis. — M 1. Dionisianensis. — M 2. A 3. V 1. V 2. etc. Dionisianensis.

Victorianus Carcabianensis. N. Carcabinensis. — A 2. M 1. Carcabinensis. — M 2. Cartaginensis. — V 2. Carcabiensis. — V 3. Carthaginensis. — V 4. Carcabiensis. — V 5. Carcabiensis. — A 4. Victorinus Cartabensis. — Al. Carcabensis. Carbaniensis.

Miggin ab Elephantaria. N. Elefantaria. — A 2. Myggin. — M 1. Migin ab Elefanaria. — M 2. Elefantaria. — V 1. Elefantinaria. — V 2. V 3. Elefantaria. — V 4. Elefantaiana. — V 5. Elefantaria. — V 6. Elefantoria. — Al. Mygin. Belephantariæ.

Innocentius Tebaltensis. A 1. Tebaltensis. — N. Thebaltensis. — M 1. Tesbalitensis.

Florentius ab Adrumeto. A 1. Adrumetio. — M 1. Adrumetu. — M 2. Adrumeto. — A 4. Adrudimti.

Salvius Membressitanus. A 1. Mebressitanus. — N. Salvianus Bresitanus. — M 1. Salvione Bresitanus. — M 2. Salvianus Bressitanus. — V 2. Silvius. — V 4. Silvius Membresitanus. — A 4. Silvius Membrositanus. — Al. Salvianus Pressitanus.

Salvius Ausafensis. M 1. Asaufensis. — V 1. Salvianus.
— V 2. Silvius. — Al. Ausavensis. Ausacensis. —
Cf. Uzappa.

Donatus Sabratensis. A 1. Subratensis. — A 4. Sabiratensis.

Gemellus a Thambeis. A 1. Gemilius a Tambeis. — N.
Gemelius a Thanabeis. — M 2. Geminius a Tanabeis.
— V 1. a Tanebeis. — A 4. a Thanbeis. — Al. Anathabeis. Tanabaeis.

Prætextatus Assuritanus. A 1. Prætestatus Assuritanus. — N. Pretextatus. — V 1. Assucritanus.

Maximianus Stabatensis. A 1. Fabiatensis. — M 2.
Satbastensis. — V 2. Sabatensis. — V 4. Salbatanensis.
— V 6. Stabacensis. — A 4. Sabatnensis. — Al. Sabbatensis.

Datianus Camicetensis. A 1. Anitunicitensis. — N. Camacetensis. — A 2. Dacianus. — A 3. Camacetensis.
— V 3. Camecetensis. — V 6. Canucetensis.

Donatus Fissianensis. A 1. Fiscianensis. — M 2. Fissiacensis. — V 2. Falsianensis. — V 3. Phissianensis.
— A 4. Falcianensis. — Al. Donatianus.

Theodorus Vsulensis. A 1. Theorus Sulensis. — M 1.
— Theodorus Sulensis. — A 3. Ussulensis. — V 2.
Uculensis. — V 4. Vailensis.

Agnasius. Agnosius.

Donatus Cabarsussitanus. A 1. Cebresitanus. — N. Crebresutanus. — A 2. Cebresutanus. — M 1. Ceblesutanus. — V 2. Cebersanus. — A 4. Cebersatius. — Al. Cebrisetanus. Cebresusitanus. Ceberesitanus.

Natalicus Telensis. A 1. Natalicius. — V 2. Tholensis — V 3. Celensis. — V 4. Tholonensis. — V 5. Tolensis. — Al. Thelensis.

Pomponius Macrianensis. A 1. Ponponius. — N. Machrianensis. — A 4. Poponius Matrianensis.

Pancratius Balianensis. A 1. Pancracius. — N. Panchrasius Valianensis. — M 2. Babilianensis. — A 3. Prancatius. Panchratius. — V 2. Basilianensis.

Januarius Aquensis. N. Aquinensis. — A 2. Aquenensis. — M 2. Aquensis. — A 4. Equensis.

Secundus Jucundianensis. A 1. Seds Jucondianensis. — N. Jaconnianensis. — A 2. Scd's. — M 1. Secundinus Jocundanensis. — M 2. Jacundianensis. — A 3. Jacondianensis. — V 2. Jocundianus. — V 3. Jocomanensis. — Al. Secundianus.

Pascasius a Vico Augusti. N. Paschasius. — M 1. a Vico Agusti.

Cresconius Taciensis. A 1. Ticiacensis. — N. Creso conjusticianensis. — A 2. Creso c'justicianensis. — M 1. Cresonius Titianensis. — M 2. Cresoconius justicianensis. — A 3. Creso Coniustitianensis. — V 1. Cresocon Justitianensis. — V 4. Ticianus. — Al. Tacianensis. Creso c'uisticianensis.

Rogatianus. A 4. Rogacianus.

Maximianus Hermianensis. A 1. Erupnianensis. — N. Erumninensis. — A 2. Erumensis. — M 1. Erunninensis. — M 2. Erúminensis. — V 3. Cerummensis. — Al. Eruminatensis. Erumniensis.

Benenatus Tugutianensis. A 1. Tugurgitanus. — V 1. Benetanus. — V 2. Tugurritanus. — V 5. Cugunitanus. — A 4. Turgueritanus. — Al. Tigurritanus. Tugucianensis.

Secundus — ritanus. N. ritanus. — A 2. S - ritanus. M 1. Scs - Ritanus. — M 2. Ritanus.

Gaïanus Tigualensis. A 1. Gagianus. — N. Gavanus. — M 2. Gaüanus. — V 6. Gavalus Tigalensis. — Al. Tigis.

Victorianus Leptimognensis. A 1. Leptiamensis. — N. Victorinus Leptimaginensis. — V 2. Leptimagnensis. — V 3. Lectimaginensis. — V 4. Leptimanensis.

Quintasius Bennefensis. A 1. Guntasius Bnfensis. — N. Benefensis. — A 2. Gontasius Benefensis. — V 1. Gustasius. — Al. Benesensis.

Quintasius Capsensis. N. Quintianus Capiensis. — M 2. Cavensis.

Felicianus Mustitanus. N. Musititanus. — M 1. Musttanus. — V 2. Mustitensis. — V 4. Mustatensis. — V 6. Musticanus.

Miggin. A 1. Miggennis. — N. Migginus. — M 1. Miggi. — M 2. Mingini. — V 2. Migginis. — Al. Miggius. Magginus.

Latinus Mutiensis. A 1. Mucianensis. — N. Mugiensis. — V 4. Muciensis.

Proculus Girbitanus. A 1. Curbitanensis. — M 2. Gurbitanus. — V 2. Girbanus. — V 3. Gubitanus. — V 4. Grebanus. — Al. Curbitanus.

Helpidius Thysdritanus. A 1. Elipidius Tusdritanus. — M 1. Hilpidius. — M 2. Tudritanus. — V 3. Elpidius. — V 4. Tusdritensis. — A. 4. Thusdiritensis.

Marratius. A 1. Narratius. — M 1. Ab arratio. — V 3. Maracius. — V 4. Narracius. — A 4. Navatus. — Al. Marratus.

Gallonius. A 1. Galion. — M 1. Gallionus. — Al. Gallonus.

Secundianus Bassianensis. A 1. Bissianensis. — N. Secundanus Brisianensis. — M 2. Secundinus. — Al. Bisianensis. Prisianensis.

Donatus Amudarsensis. A 1. Samodartensis. Samorbacensis. — N. Samurdatensis. — A 2. Donat[s] Sam'datensis. — M 1. a Mundatensis. — A 3. Samdatensis. — V 2. Samudartensis. — V 4. Samodartensis.

Getulicus Victorianensis. V 2. Getulus Victorianus.

Annibonius Robantensis. A 1. Amrabontus Rabaniensis. — N. Rabantensis. — M 1. Agnibonius. — M 2. Rabanensis. — A 4. Sabantensis.

Augendus Arensis. A 1. Augendianensis. — V 2. Augendianensis.

Tertullus Abitensis. A 1. Habensis. — M 1. Abotonensis. — M 2. Abicensis. — V 2. Tertullius Auttensis. — V 3. Abianensis. — V 4. Tertulius Avitentensis. — A 4. Amtemsis.

Secundianus Aurusulianensis. A 1. Auxisialensis. — N. Arusianensis. — A 2. Secundinus. — M 1. Secundinus Aurusilianensis. — V 2. Arusilianensis. — V 6. Arunnianensis. — Al. Aurisilianensis. Secondianus.

Primulianus. N. Primilianus.

Crescentianus Narensis. A 1. Marensis. — N. Cresus Ciranensis. — A 2. Cresci narensis. — M 1. Nalensis. — A 3. Cresciu Arensis. — V 3. Cresus Tinarensis. — V 4. Narrensis. — V 6. Crescentius Arensis.

Maximus Abitinensis. A 1. Maximianus Pontanensis. — N. Maximus Pitaniensis. — M 1. Pittanensis. Pictanensis. — M 2. Pictavensis. — A 3. Pitanensis. — V 2. Bittanensis. — V 4. Bitanensis.

Donatus Palmensis. A 1. Belmiensis. — N. Belmensis. — M 1. Velimsis. — M 2. Belinensis. — V 2. Balmiensis. — Al. Velimensis. Beliniensis.

Faustinus Vinensis. A 1. Fastinus Binensis. — N. Benensis. — M 1. Bennensus. — M 2. Binensis.

Perseverantius Thevestinus. A 1. Perserentius Thebertinus. — N. Tebtinus. — M 1. Tebestinus. — M 2. Tebertinus. — V 1. Perseventius Tebestinus. — A 4. Tevestinus.

Victor Althiburitanus. A 1. Altiburitanus. — Al. Altiburinanus.

II.

Liste des Evêques de la Byzacène du Concile de l'an 646.

Étienne.
Second de Tagasa, al. Tagala et Tagena.
Dacien de Turreblandi, al. Turrebanda.
Saturin, al. Saturius, de Maraziana, al. Miriciana.
Jean de Mibiarca.
Janvier de Gratiana, al. Gattiana.
Benerius de Tusdrus, al. Turdus.
Romule de Tices.
Candide de Dices.
Restitut, al. Restut, de Jubeclidia.
Furtunius, al. Fortunius, de Cella, al. Zella.
Criscentinus de Leptis.
Étienne de Talapta.
Ebase de Vicus Aterii.
Donat de Limmica.
Théodore de Tamaten, al. Tamazen.
Optat de Autenta.
Constantin d'Aeliæ, al. Heliæ.
Étienne de Taraqua.
Victorin de Temuniana.
Paschase de Decoriana, al. Detoriana.
Julien de Ruspe.
Saluste de Febiana, al. Rebiana.
Donat de Unizivera.

Théodore de Hirina.
Étienne, Spes in deo, de Quæstoriana.
Mustulus de Cebaradefa, al. Cebaradefensa.
Laurent Taraise d'Usila.
Étienne de Gumma.
Étienne.
Boniface de Justinia, al. de Justin et Maximia.
Cyriaque.
Janvier de Bana.
Félix de Thenis.
Quintus de Acola.
Spes de Crepedula.
Nepus.
Félix du Municipe de Segermes, al. de Municipe et Gernis.
Pentasius de Turres Tamulus.
Boniface d'Assuras, al. Sasura.
Numidius de Sofiana Junca, al. Sociana Junca.
Benadus de Hermiana.
Rodibaldus de Valentiniana.

III.

Liste des Evêques qui assistèrent au Concile de Tela en 418.

Janvier de Tubulbaca.
Félix de Segermes.
Second de Ruspina.
Fortunius.
Porphyre.
Maxime.
Maximin de Sufes.
Jocundus de Sufetula.
Eunome de Marazana.
Grinus.
Quintien.
Donat.
Donatien de Thelepte.
Romain de Leptiminus.
Sopater de Tambei.
Maximien d'Aquæ Regiæ.
Victor de Bahanna.
Capio.
Papinien.
Basile d'Althiburus.
Tertiolus de Cillium.
Restitut de Muzuca.
Donat.

Secondien d'Hermiana.
Julien de Tasbalta.
Janvier de Cenculiana.
Porphyre.
Milicus de Thagamuta.
Julien.
Cresconius de Temuniana.
Geta de Jubaltiana.
Tutus de Melzi?
Vincent de Culusi?
Fortunatien de Sicca?

IV.

Liste des Evêques qui assistèrent au Concile de la Byzacène en 419.

Donatien de Thelepte.
Janvier de Tubulbaca.
Félix de Macriana.
Palatin de Voseta ?
Primien de Carthage ?
Gaïen de Tiguala.
Gaïen.
Janvier de Cenculiana.
Victorin de Tabuda ? etc.

V.

Liste des Evêques de la Byzacène qui sont portés sur la liste de 482.

Vassinassa.
Aquæ.
Liberat d'Amudarsa.
Mansuet d'Afufenia.
Pascase de Septimunicia.
Hortulan de Benefa.
Victorin d'Ancusa.
Eubode de Mididi.
Terentien de Tubulbaca.
Rogatien de Vadentiniana.
Boniface de Mascliana.
Victorin de Seberiana.
Victor de Nara.
Léonce de Decoriana.
Servus Dei de Tambei.
Lætus de Nepta.
Félix de Custra.
Flabien de Buleliana.
Decime de Theuzi.
Serband de Putia.
Restitut de Thagamuta.
Præside de Sufetula.
Eustrate de Sufes.

Secondin de Garriana.
Præfectien d'Abaradira.
Sabinicuus d'Octabia.
Adelfius de Mactaris.
Restitut d'Aquiaba.
Antacius de Mediana.
Mensius de Turres.
Filtiosus d'Aggar.
Fastidiosus d'Egnatia.
Germain de Peradamia.
Donat d'Ermiana.
Pascase de Tenæ.
Domnin de Taraza.
Hilarin de Trofiniana.
Fortunatien de Leptiminus.
Honorat de Tagaria.
Albin d'Octaba.
Aurèle de Feradi majus.
Félix de Crepedula.
Cyprien d'Unuzibira.
Innocent de Muzuca.
Possidius de Massimana.
Victor de Vita.
Victorin de Scebatiana.
Adéodat de Pederodiana.
Athenius de Circina.
Florentin de Tuzirus.
Vindicien de Maraziana.
Adelfius de Mattaris.
Adeodat de Præcausa.
Restitut d'Aquæ Albæ.
Félix d'Irpiniana.

Victorin d'Usula.
Habetdeus de Tamalluma.
Concordius de Cululi.
Servus de Menefessi.
Quintien de Casulæ Cariana.
Restitut d'Acola.
Vindemial de Cabsa.
Quodvultdeus de Dura.
Eliodore de Cufruta.
Marcellin de Tasbalta.
Fortunatien de Cilium.
Honorat de Tizia.
Boniface de Fortiana.
Servius d'Arsura.
Félix de Forontoniana.
Succensien de Febiana.
Julien de Vararus.
Boniface de Frontoniana.
Secondien de Mimiana.
Donat de Boana.
Boniface de Maraguia.
Piraise de Nationa.
Fauste de Præsidium.
Rustique de Tetci.
Primien de Gurgai.
Boniface de Filaca.
Honorat de Macriana.
Frumence de Telepte.
Honorius d'Oppenna.
Fortunatien de Tagarbala.
Simplice de Carcabiana.
Donat de Rufiniana.

Liberat d'Aquæ Regiæ.
Victorien de Quæstoriana.
Rufinien de Victoriana.
Maxime de Gummi.
Pelerin de Materiana.
Fortunat de Mozotcori.
Pacatus de Vicus Ateira.
Proficius de Sublectum.
Sature d'Ira.
Mangence de Ticualta.
Villaticus d'Auzegera.
Cresconius de Temoniara.
Paul de Turris Blanda.
Restut de Segermes.
Victor de Gavuar.
Donatien d'Eliæ.
Étienne de Rusfa.
Vinitor de Talaptula.
Hortensius d'Autenta.
Tertulle de Junca.
Eusèbe de Jubaltiana.
Servitius d'Unuricopolis.
Donat d'Aggar.
Vigile de Tapsus.
Madassuma.
Donisiana.
Sulianæ.
Orrea Cælia.
Cunculiana.
Tices.

VI.

Liste des Evêques de la Tripolitaine qui assistèrent en 484 à la réunion de Carthage.

Calipides de Leptis Magna.
Léon de Sabrata.
Faustin de Girba.
Cresconius d'Oea.
Servilius de Tacapas.

VII

Liste des Evêchés africains connus au temps de Léon le Sage, en 883.

Καρταγενα προκουνσουλαρια. Carthage.

Επαρχια Νουμιδιασ.

Καλαμα. Calama.
Τελεστη, Τεβετη. Theveste.
Ιππων. Hippone Royale.
Τιτισιν. Tigisis.
Βαγησ. Vaga.
Κωνσταντινη. Constantine.
Σιτιφυοσ. Sitifis.
Καστα Βαγε, Καστα Μαγαι. Bagaï.
Βαδοσ, Βαδησ. Badias.
Μηλεων. Milève.
Αλκαδουσ, Ληραδουσ. Lares.
Καστρον Βεδερα. Ammædara.
Σκηλη. Scillium?
Ηγηρηνισιον. Segermes?

Επαρχια Βυζακιασ.

Σουβιβα. Sufes.
Ιουγκη. Junca.
Ταλεπτησ. Thelepte.

Μαδασουβα. **Madasumma.**
Καμψησ, Καψησ. **Capsa.**
Αδραμυτησ. **Hadrumète.**
Καντα Κιλεωσ, Καμψια Κιλεωσ. **Cillium.**
Κασκαλα.
Καστελλαι.
Πεζανα.
Μαμιδα, Μαμηδα.
Κουχουλησ, Κουλουλησ. **Cululi.**

Επαρχια Τριπολεωσ.

Λεπτισ. **Leptis Magna.**
Το Σεβων. **Sabrata?**
Uων, δια τησ ανατολικησ διοικησεωσ. **Oea.**

VIII.

Noms des Evêques de la Byzacène.

Abondance, d'Hadrumète, en 348.
Adelphe, de Mactaris, en 482.
Adelphe, de Tabalta, en 255.
Adéodat, de Pederodiana, en 482.
Adéodat, de Præcausa, en 482.
Æmilien, d'Agger, en 411.
Æmilien, de Bennefa, en 411.
Albin, d'Octava, en 482.
Antacius, de Mediana, en 482.
Antoine, de Tamalluma, en 484.
Antonien, de Drua, en 411.
Aptus, de Tigia, en 411.
Aptus, de Thusurus, en 411.
Asmunius, de Tiguala, en 411.
Asellicus, de Thusurus, en 411.
Athenius, de Circina, en 482.
Augendus, d'Aras, en 393.
Aurèle, de Cillium, en 255.
Aurèle, de Feradi-la-Grande, en 482.
Aurèle, d'Hadrumète, en 451.
Avus, d'Horrea Cælia, en 525.
Barbarien, de Crepedula, en 411.

Barbare, d'Hierpiniana, en 411.
Bellicius, de Thelepte, en 411.
Benadus, d'Hermiana, en 641.
Benenatus, de Tagariatum, en 393.
Benenatus, de Tugutiana, en 393.
Boniface, d'Avidus, en 480.
Boniface, de Bavagaliana, en 525.
Boniface, de Cenæ, en 411.
Boniface, de Filaca, en 482.
Boniface, de Foratiana, en 482.
Boniface, de Gratiana, en 484.
Boniface, d'Hadrumète, en 641.
Boniface, de Maraguia, en 482.
Boniface, de Masclianæ, en 482.
Boniface, de Sassura, en 641.
Caius, d'Uzita, en 482.
Candide, de Dices, en 641.
Candorius, d'Agger, en 411.
Cassien, d'Usula, en 349.
Celer, de Capsa, en 411.
Comparator, de Mactaris, en 411.
Concorde, de Cululi, en 482.
Constantin, d'Aeliæ, en 641.
Come, d'Africa, en 1109.
Crescent, d'Aquæ, en 450.
Crescentien, d'Ammædara, en 411.
Crescentien, de Nara, en 393.
Cresconius, de Cibaliana, en 411.
Cresconius, de Temuniana, en 411.
Cresconius, de Temuniana, en 482.
Crescentin, de Leptis la Petite, en 641.
Cyprien, d'Unizibira, en 482.

Dacien, de Thelepte, en 411.
Dacien, de Turris Blanda, en 644.
Decime, de Theuzi, en 482.
Demetrius, de Leptis la Petite, en 255.
Diadocus, de Vita, en 475.
Domnin, de Taraza, en 482.
Donatien, de Capsa, en 411.
Donatien, de Carcabia, en 411.
Donatien, d'Aeliæ, en 482.
Donatien, de Thelepte, en 411.
Donatien, de Vibiana, en 480.
Donatien, de Zella, en 411.
Donatule, de Capsa, en 255.
Donat, d'Aggar, en 482.
Donat, d'Aras, en 411.
Donat, d'Amudarsa, en 393.
Donat, d'Ancusa, en 411.
Donat, d'Auzegera, en 411.
Donat, de Bahanna, en 482.
Donat, de Cabarsussi, en 393.
Donat, de Cibaliana, en 255.
Donat, de Cillium, en 411.
Donat, de Fissana, en 393.
Donat, d'Hermiana, en 482.
Donat, de Limisa, en 641.
Donat, de Merferebi, en 411.
Donat, de Palma, en 393.
Donat, de Rufiniana, en 482.
Donat, d'Unizibira, en 641.
Evasius, de Vicus Ateri, en 641.
Eucratius, de Thænæ, en 255.
Eugène, d'Ammædara, en 255.

Eunome, de Marazana, en 411.
Évode, de Mididi, en 482.
Eusèbe, de Jubaltiana, en 482.
Eustrate, de Sufes, en 482.
Facundus, d'Hermiana, en 547.
Fastidiosus, d'Egnatia, en 482.
Faustin, de Nationa, en 411.
Faustin, de Thambei, en 411.
Fauste, de Præsidium, en 482.
Félicien, de Cufruta, en 411.
Félicien, de Feradi la Petite, en 411.
Félicien, de Ruspe, en 534.
Félix, de Crepedula, en 482.
Félix, de Custra, en 482.
Félix, de Frontoniana, en 482.
Félix, de Gurza, en 255.
Félix, d'Hadrumète, en 453.
Félix, d'Hierpiniana, en 482.
Félix, de Marazana la Royale, en 255.
Félix, de Marazana, en 411.
Félix, de Segermes, en 411 et 641.
Félix, de Tagariatum, en 411.
Félix, de Thænæ, en 641.
Félix, d'Usula, en 255.
Ferox, de Macriana la Grande, en 411.
Filtiosus, d'Aggar, en 482.
Flavien, de Buleliana, en 482.
Florentin, de Thusurus, en 482.
Florence, d'Hadrumète, en 393.
Florian, de Putia, en 411.
Fortunatien, de Cillium, en 482.
Fortunatien, de Leptis la Petite, en 482.

Fortunatien, de Tagarlaba, en 482.
Fortunat, de Capsa, en 411.
Fortunat, de Dionysiana, en 393.
Fortunat, de Mozotcori, en 482.
Fortunius, de Zellæ, en 641.
Frumence, de Thelepte, en 482.
Fulgence, de Ruspe, en 553.
Fuscinullus, d'Aeliæ, en 411.
Gaien, de Tiguala, en 411.
Gallus, de Thiges, en 411.
Gaudence, de Turris Tamalluma, en 349.
Gemellus, de Thambei, en 393.
Germain, de Feradi la Petite, en 482.
Germain, de Mactaris.
Geta, de Jubaltiana, en 411.
Getulicus, de Victoriana, en 393.
Gududus, d'Ancusa, en 411.
Habetdeum, d'Aurusuliana, en 411.
Habetdeum, de Marazana, en 411.
Habetdeum, de Tamalluma, en 482.
Héliodore, de Cufruta, en 482.
Helpidius, de Thysdrus, en 393.
Hilarin, d'Horrea Cælia, en 419.
Hilarin, de Trophimiana, en 482.
Honorat, d'Avidus, en 411.
Honorat, de Macriana la Grande, en 482.
Honorat, de Tagariatum, en 482.
Honorat, de Tigia, en 482.
Honorat, de Thysdrus, en 411.
Honorius, de Vartana, en 411.
Honorius, d'Uppenna, en 482.
Hortense, d'Autenta, en 482.

Hortulan, de Bennefa, en 482.
Jambus, de Germaniciana, en 255.
Januarien, de Tubulbaca, en 411.
Janvier, d'Aquæ Albæ, en 411.
Janvier, d'Aquæ, en 393.
Janvier, de Bahanna, en 641.
Janvier, de Cenculiana, en 411.
Janvier, de Gratiana, en 641.
Janvier, d'Horrea Cælia, en 411.
Janvier, de Nara, en 411.
Innocent, d'Hadrumète, en 403.
Innocent, de Muzuca, en 482.
Jean, de Gummi, en 411.
Jean, de Mibiarca, en 641.
Joffridus, d'Africa, en 1140.
Jucundus, de Sufetula, en 419.
Julien, de Ruspe, en 641.
Julien, de Tabalta, en 411.
Julien, de Thelepte, en 255.
Julien, de Vararus, en 482.
Jurata, de Turris Tamalluma, en 411.
Lætus, de Nepta, en 482.
Latin, de Mutia, en 393.
Latonius, de Thænæ, en 411.
Laurent, d'Usula, en 641.
Léonce, de Decoriana, en 482.
Libérat, d'Amudarsa, en 482.
Libérat, d'Aquæ Regiæ, en 482.
Limenianus, de Taparura, en 411.
Lupien, de Thagamuta, en 397.
Maius, d'Amudarsa, en 411.
Mangentius, de Tiguala, en 482.

Mansuet, d'Afufenia, en 482.
Marcellin, de Tabalta, en 482.
Marcien, de Cabarsussi, en 411.
Marcien, de Sullectum, en 394.
Marc, de Mactaris, en 255.
Marc, de Midica, en 411.
Marien, de Rufiniana, en 411.
Maximien, d'Aquæ Regiæ, en 411.
Maximien, de Bennefa, en 411.
Maximien, d'Hermiana, en 411.
Maximien, de Tabalta, en 393.
Maximin, de Dices, en 411.
Maximin, de Sufes, en 411.
Maximin, de Turris, en 411.
Maximin, de Turris Blanda, en 411.
Maximin, d'Unizibira, en 411.
Maxime, de Caniana, en 411.
Maxime, de Gummi, en 482.
Maxime, de Pittana, en 393.
Messius, de Turris, en 482.
Mensurius, de Menefesse, en 411.
Miggin, d'Edistiana, en 411.
Milicus, de Thagamuta, en 411.
Moecopius, d'Hierpiniana, en 411.
Mustulus, de Cabarsussi, en 641.
Natalicus, de Zella, en 411.
Navigius, de Thysdrus, en 411.
Nicomède, de Segermes, en 255.
Ninus, de Tabalta, en 397.
Numidius, de Junca, en 641.
Optat, d'Autenta, en 641.
Pacatus, de Vicus Ateri, en 482.

Pampinien, de Vita, en 450.
Pancrace, de Buleliana, en 393.
Pascase, de Decoriana, en 641.
Pascase, de Septimunicia, en 482.
Pascase, de Thænæ, en 482.
Pascase, de Vicus Augusti, en 393.
Paul, de Turris Blanda, en 482.
Pentasius, de Turris Tamalluma, en 641.
Pélerin, de Materiana, en 482.
Pélerin, de Sufes, en 411.
Plutien, de Mascliana, en 411.
Philologue, d'Hadrumète, en 411.
Pirasius, de Nationa, en 482.
Polycarpe, d'Hadrumète, en 255.
Pompéien, de Victoriana, en 553.
Pompone, de Dionysiana, en 255.
Pontien, de Thænæ, en 525.
Possidius, de Maximiana, en 482.
Potentius, de Bladia, en 411.
Préfectien, d'Abaradira, en 482.
Préside, de Sufetula, en 482.
Primase, d'Hadrumète, en 551.
Primien, de Gurza, en 482.
Primulien, de Madasumma, en 411.
Privatien, de Sufetula, en 255.
Privatien, de Vegesela, en 411.
Privat, de Sufes, en 255.
Privat, de Tiguala, en 411.
Privat, de Vegesela, en 349.
Privat, d'Usula, en 411.
Probance, de Trophimiana, en 411.
Proficius, de Sullectum, en 482.

Quintase, de Bennefa, en 393.
Quintase, de Capsa, en 393.
Quintien, de Cariana, en 482.
Quintus, d'Achulla, en 641.
Quodvultdeus, de Dura, en 482.
Restitut, d'Achulla, en 482.
Restitut, d'Aquæ Albæ, en 482.
Restitut, de Jubaltiana, en 641.
Restitut, de Segermes, en 411.
Restitut, de Thagamuta, en 482.
Rodibaldus, de Valentiniana, en 641.
Rogatien, de Valentiniana, en 482.
Rogatien, de Vicus Ateri, en 411.
Rogat, de Gaguar, en 411.
Romain, de Leptis la Petite, en 411.
Romulus, de Thiges, en 641.
Rufinien, de Victoriana, en 482.
Rustique, de Tetci, en 482.
Rutilius, de Mactaris.
Sabinien, d'Octavia, en 482.
Sabratius, de Turris Tamalluma, en 411.
Salluste, de Febiana, en 641.
Saturnin, de Marazana, en 641.
Saturnin, de Thugga, en 255.
Saturnin, de Victoriana, en 255 et 411.
Sature, d'Hirena, en 482.
Second, de Ruspina, en 411.
Second, de Tiguala, en 641.
Secondien, de Bassiana, en 393.
Secondien, de Mimiana, en 482.
Secondien, de Thambei, en 255.
Secondin, d'Aurusuliana, en 393.

Secundien, d'Hermiana, en 411.
Secondin, de Garriana, en 482.
Securus, de Thænæ, en 411.
Serénien, de Mididi, en 411.
Serotin, de Turuza, en 411.
Servandus, de Putia, en 482.
Servilius, d'Hunuricopolis, en 482.
Servius, de Sassura, en 482.
Servus, de Menefesse, en 482.
Servus Dei, d'Hunuricopolis, en 525.
Servus Dei, de Thambei, en 482.
Silvain, de Cariana, en 411.
Silvain, de Macriana la Petite, en 411.
Simplice, de Carcabia, en 482.
Sopater, de Thambei, en 411.
Sperat, d'Ammædara, en 411.
Spes, de Crepedula, en 641.
Stephane, de Gumnis, en 641.
Stephane, de Quæstoriana, en 641.
Stephane, de Ruspe, en 482.
Stephane, de Thelepte, en 641.
Stephane, de Taraqua, en 641.
Succensien, de Febiana, en 482.
Tenax, d'Horrea Cælia, en 255.
Terentien, de Tubulbaca, en 482.
Tertiolus, de Cillium, en 411.
Tertullien, d'Hirena, en 411.
Tertulle, de Junca, en 482.
Théodore, de Cabarsussi, en 565.
Théodore, d'Hirena, en 641.
Théodore, de Tamaza, en 641.
Théodore, d'Usula, en 394.

Titien, de Sufetula, en 411.
Turrasius, de Fissana, en 411.
Valentinien, de Junca, en 411.
Valérien, de Bassiana, en 451.
Venerius, de Thysdrus, en 641.
Venustus, de Turuda, en 411.
Verecundus, de Junca, en 553.
Victor, de Bahanna, en 411.
Victor, de Dionysiana, en 411.
Victor, de Gaguar, en 482.
Victor, de Gratiana, en 411.
Victor, de Mactaris, en 556.
Victor, de Vartana, en 411.
Victor, de Vita, en 490.
Victorien, de Carcabia, en 393.
Victorien, de Masclina, en 397.
Victorien, de Quæstoriana, en 482.
Victorinien, d'Aquas, en 411.
Victorin, d'Ancusa, en 482.
Victorin, d'Hadrumète, en 411.
Victorin, de Leptis la Petite, en 411.
Victorin, de Munatiana, en 393.
Victorin, de Scebatiana, en 482.
Victorin, de Severiana, en 482.
Victorin, de Temuniana, en 641.
Victorin, d'Usula, en 482.
Vigile, de Thapsus, en 482.
Villaticus, d'Auzegera, en 482.
Vincentien, de Feradi la Grande, en 411.
Vindemial, de Capsa, en 482.
Vindemius, de Cenæ, en 411.
Vindicien, de Marazana, en 482.

Vinitor, de Talaptula, en 482.
Vital, de Vartana, en 347.
Vrbain, de Thala, en 411.
Vrbain, de Vicus Augusti, en 411.
Zosime, de Taraza, en 255.

IX.

Noms des Evêques de la Tripolitaine.

CAIUS, de Tacapæ, en 525.
CALLIPÈDE, de Leptis la Grande, en 482.
CATULIN, de Gigthis, en 411.
CRESCONIUS, d'Oea, en 482.
DIOGA, de Leptis la Grande, en 255.
DONAT, de Girba, en 525.
DONAT, de Sabrata, en 411.
DULCITIUS, de Tacapæ, en 411.
ÉVASIUS, de Girba, en 411.
FAUSTIN, de Girba, en 482.
FÉLIX, de Tacapæ, en 411.
GALLONIUS, de Girba, en 393.
LÉON, de Sabrata, en 482.
MARINIEN, d'Oea, en 411.
MONNULUS, de Girba, en 255.
NADOS, de Sabrata, en 411.
NATALIS, d'Oea, en 255.
POMPÉE, de Sabrata, en 255.
PRIMULIEN, de Luci Magna, en 411.
PROCULE, de Girba, en 393.
QUODVULTDEUS, de Girba, en 411.
ROGATIEN, de Villa Magna, en 411.

Salvien, de Leptis la Grande, en 411.
Servilius, de Tacapæ, en 482.
Villaticus, de Sinnipsa, en 411.
Vincent, de Sabrata, en 450.
Vincent, de Girba, en 525.
Vrbain, de Girba, en 450.

www.ingramcontent.com/pod-product-compliance
Lightning Source LLC
Chambersburg PA
CBHW071525160426
43196CB00010B/1656